あのお店はなぜ消耗戦を抜け出せたのか

ネット時代の老舗に学ぶ「戦わないマーケティング」

仲山進也

あのお店はなぜ消耗戦を抜け出せたのか　目次
~ネット時代の老舗に学ぶ「戦わないマーケティング」~

第2章 消耗戦を抜け出せたお店の実践事例12選……99

序章

がんばればがんばるほど激しい消耗戦に巻き込まれる会社

「成長し続けること」を目指して、「膨張し続けただけ」になっていないか？

「がんばればがんばるほど激しい〝消耗戦〟に巻き込まれる会社」が増えつつあります。

仕事がうまくいくようにがんばって、結果も出してきた。しかし、ステージを上げれば上げるほど、戦う相手が増えていったり、新たに強大な競争相手が現れたりして、体力的にも気力的にも財力的にも消耗してきている……。

大企業に勤めている人にも、中小企業の経営者にも、そんな消耗戦を抜け出したいと思っている人は多いと思います。この本は、そんな人や会社のために書かれたものです。

あるネットショップの経営者が、10年を超える店舗運営を振り返って、こんな話をしてくれました。

2001年にオープンして、最初はどうすればよいかわからず売れなかった。勉強会に出たり、試行錯誤しながらがんばっているうちにだんだん売れてきて、そのうち「月商1000万円を目指そう」と決めた。当時はメールマーケティングが有効で、メルマガを送れば売り上げが立つ時代。だんだん配信頻度が増えていき、最後のほうはなりふり構わず一日に3〜4回も送った。それだけ送るには、毎回、企画の中身も変えなければいけない。タイムセールや期間限定セットなど、手を変え品を変え、売れるように工夫した。その結果、目標の1000万円を達成。

しかし……、達成後は燃え尽きて、次の目標を見失い、どうしたらよいかわからなくなって売り上げも低迷。しかも、大量のスパムメールを送ったことでお客さんの信頼も失ってしまっていた。

しばらくして、ロングテールの時代がやってきた。とにかく登録商品数を増やすと売り上げが相関して伸びていくという。「これだ！」と、すぐにすべてのメーカーのカタログをかき集め、スタッフみんなでひたすらスキャンし、商品を登録。それでも作業が追いつかないため知人の紹介で中国へアウトソーシングすることにし、カタログを抱えて中国へ行って作業を発注。商品点数は10万点を超え、思惑どおり月商3000万円を突破した。

しかし……、ほどなく複数の大手企業がほとんど同じやり方で参入してきた。大手企業のECサイトのほうが商品数も多いし配送スピードも速い。必死に対抗しようとがんばったが、激しい消耗戦の結果、残念ながら打つ手がなくなった……。

その経営者は、最後にこう言いました。

「がんばればがんばるほど競合相手が強くなっていって、消耗戦が激しくなる。これではアカンな、と。今はちょっと方向性を変え始めています」

そしてボソッと、「お客さんにしたら、誰から買っても同じなんですよね。ウチの店である必要が何もない。長くやってきたけど、今までやってきたものが全然積み上がっていない。なんやったんやろう」と。そう、つぶやいていました。

私が、「そういえば『成長と膨張は違う』という表現をどこかで見かけました」と言うと、「まさにその膨張という感じです」と。

「成長し続けること」を目指して、「膨張し続けただけ」になっていないか?

これは、企業としても個人としても、一度振り返ってみるべき問いではないかと思います。巨大になることを目指したイモムシが蝶になることはないように、業績を示す数字は大きくなっていても、それが質実を伴った成長なのか、不健康なメタボ膨張なのかを見分けることが大切になってきています。

「究極の自動販売機」の道と「究極の対面販売」の道

申し遅れましたが、私は「楽天市場」というネットショッピングモールで、出店しているネットショップの経営者や店長さんを応援する仕事を1999年からやってきています。

当初の出店数はほんの数百店舗だったのが、今では4万店を超えています。いつの時代も店長さんたちは「最近、競合増えたなぁ」と言います。数百店舗のときも、「最近、ウチと同じジャンルのお店が増えてきたんだよね。前はウチしかなかったのに、3店舗も増えたよ」という話が出ていました。1つ増えただけでも、気になって気になって仕方がないのが「競合」という存在のようです。

努力が実って商品がランキングに入ると、それを見た同業者が「これが売れるんだな」と同じ商品や同種同等の商品の値段を下げてきます。また、新しいお店は、オープニングセールとして「赤字でもいいからお店を知ってもらおう」とプロモーションをかけてくるので、すぐ価格競争になってしまいます。

そうやって、売るモノを真似され、1円でも安くされて価格勝負を挑まれ……という競争が果てしなく続きます。

ベテランのお店は、すでに売り上げも大きくなり、スタッフの人数も増えてきているため、足元の数字をきっちりつくっていかなければキャッシュフローが心配になります。したがって、どうしても「目の前の競合」と「今月の目標数字を必達させねば！」というところに意識が集中しがちです。そうやって日々がんばっていると、ふと思わぬところから強敵が出現するわけです。消耗戦を繰り広げているところへ強大な外国企業がドカンとやってきたり、大手メーカーが直販ECサイトをスタートしたりする。

いわば、「戦国時代に武将同士で競り合っていたら、そこに黒船が来た！」という感じでしょうか。それが今のネットショップを取り巻く状況です。

しかも、それは日本だけではありません。

先日、台湾の楽天市場でショップ・オブ・ザ・イヤーを受賞した店長さんたち十数人が来日しました。「みなさんの悩みや問題意識はなんですか?」と聞くと、やはり「価格競争が激しい。それに尽きる」ということでした。

ネットショッピングは、お客さんにボタンひとつで「価格が安い順」に並び替えられてしまう世界。すなわち、価格競争は「宿命」のように思われます。

しかし! そうとも限らないのです。

楽天市場で店舗運営をやっていて、その消耗戦を抜け出し、楽しそうに商売をしているお店があります。価格競争をしなくてよいスタイルを編み出し、長続きしているお店があります。

それらの「消耗戦を抜け出しているお店」を、この本では「老舗《しにせ》」と呼ぼうと思います。

その老舗の事例を「宣伝会議」のニュースサイト「アドバタイムズ（アドタイ）」で紹介したところ、想像を大きく超える反響をいただきました。「ＥＣ温故知新」というタイトルで、12回にわたって「老舗」を紹介したのですが、すべての記事が週間ランキング1位になりました。フェイスブックの「いいね!」が3000件を超えた記事もありました。

その連載のテーマは、次のようなものでした。

近年、Eコマースのスタイルが大きく2つに分かれつつある。1つは「究極の自動販売機」の道で、もう1つは「究極の対面販売」の道。

「究極の自動販売機」型は、低価格・送料無料・スピード配送・品揃え・ビッグデータを活用した高精度のリコメンドなど、便利さの価値を追求するスタイル。規模のメリットを強みとする、大企業に向く。

これに対して、「究極の対面販売」型は、接客コミュニケーション・店長の商品愛や専門性を活かした魅力的なコンテンツなど、楽しさの価値を追求するスタイル。オーナーシップがあり小回りの利く中小企業に向く。逆にいえば、大企業によるEコマースが本格化するなかで、中小企業が「自動販売機」型の道を進んでも勝ち目がなくなりつつあるのが昨今の流れ。したがって、消耗戦から抜け出すには、「究極の対面販売」の道を歩み、「自動販売機にはできない売り方」を考える必要がある。

「がんばればがんばるほど激しい消耗戦に巻き込まれる会社」というのは、たいてい「自動販売機の道」を歩んでいます。「成功するための具体的なやり方」を学び、目標を設定して達成してきたけれど、「ハッピーになりましたか？」と聞かれると「イエス」とは言いづらい。それらのやり方の「先にあるもの」が大切だったのではないかと気づき始めた……。そんな人にとっては「老舗のあり方・やり方」を知ることが、効きます。

「究極の対面販売」の道を歩む老舗ネットショップの取り組みは、もはや「ネット」だけにはとどまらず、リアル店舗やリアルイベントと連動したものも少なくありません。そういう意味で、本書は「ネットショップ経営者・運営者向け」だけではなく、「脱・消耗戦」や「老舗」というキーワードにピンときたすべての人にとって、何らかのヒントとなるはずです。

「早く具体的な事例を知りたい！」という方のために、ここで「レモン部」を紹介しましょう。

「レモン部」を始めた苗木店は、なぜ成長軌道に乗れたのか

「レモン部」は、三重県の苗木店「花ひろばオンライン」が始めた、みんなでレモンを育てる「部活型の商品」です。

「レモン部員募集」という商品ページにいくと、「買い物かごに入れる」ボタンが「入部する」になっていて、入部をするとレモンの苗木が届きます。費用は、苗木代と、土やハサミ等のオプション代のみ。苗木代（3200円送料込み）は、苗木単品を通常購入するのと同額です。

レモン部にはルールがあります。

「月に1回、レモンの苗木の写真を撮り、成長日記を書いて顧問に送ること」です。顧問は、社長の高井《たかい》尽《つくす》さんがやっています。

部員が成長日記を出すと、お店のページにアップしてくれるうえ、顧問がコメントをつけてくれます。順調なときは「花が咲きました」とか「実のようなものが付きました」のような日記で、顧問のコメントも「いいですね」という平和な感じです。それが一転、

病気とか害虫でトラブルが起こった際に写真を撮って「何か大変なことになってます！」と書いて送ると、顧問から「これは◯◯病だからこうしたほうがいいです」と対策を教えてくれます。園芸ド素人の部員でも苗木を枯らすことなく育てられるので、部員としては心強い存在なのです。

また、同期のレモン部員が30人ほどいるので、ほかの部員の成長日記が病害虫の「予習」になります。自分に同じことが起こったときに心の準備ができているので、落ち着いて対処ができます。さらに、同期の日記を見ることで、「一番に花が咲いた！」と喜べたり、反対に「みんな咲いてるのに自分はまだだ……」とドキドキしたりできます。同期は全国に散らばっているので、「同じ三重県から送り出された苗木なのに、北海道と九州ではこんなに育ち方が違うのか」ということもわかってきます。

結果と成果の違いとは

また、「レモン部メルマガ」が不定期で配信されてきます。部員たちの成育状況を見た顧問が、その時々で「今はこんな話をしておいたほうがいいかな」と思ったことを書いたメルマガです。台風のときには「こんなふうに避難させてください」という話があります。レモンの花が咲いたのに、落果して実にならずショックを受けている部員が何人も出てきたときには、「『結果』と『成果』の違いってわかる？」とあって、次のようなことが書かれていました。

植物が実を結ぶことを「結果する」といいます。植物というのは必ずいつかは結果します。ただ、リンゴか何かを育てたときに、結果したけど食べてみたらあんまり甘くもおいしくもない。モサモサしていて、大きさも小さかったりすると、それは「結果した」とはいえるけど「成果」とはいえないと思うんです。「成果」というのはたぶん、結果のなかにつくり手の思いが実現したときにいえるんじゃないかな。

そんなことが、コラムのような、つぶやきのような感じで書いてあるメルマガを読んでいると「レモン部深い！」「園芸深い！」と思えて、面白さが倍増するわけです。

さらに顧問は、「リアル家庭訪問」をすることがあります。仕事で出張があるときなど、近くにいる部員の家に立ち寄り、レモンの状況を見て、部員と楽しくおしゃべりしてくるのです。顧問によると、部員さんの様子を見せてもらうと、想像もつかないような状況になっていたりして、「自分は専門家の考えが当たり前になっているけど、お客さんは違うんやな」と勉強になる、といいます。

部員の募集は1年に1回、春に行われます。これまでに5期開催されていますが、園芸初心者からベテランまで楽しめるということでクチコミが広がって、毎回、満員御礼になっています。多くの部員は、自分の成長日記のページやレモンの写真をブログやSNSにもアップするので、それを見た友達との間で「レモン部って何?」「レモン部っていうのはね……」という会話が生まれ、自然に広がっていくのです。募集が始まると、先輩部員が「あのレモン部の募集が始まったよ」とクチコミしてくれることもあって、満員になるタイミングがだんだん早くなっています。2014年の5期生の募集は、過去最速の2日間で満員御礼となりました。

運用も年々進化していて、3期目はフェイスブックグループで「部室」をつくりました。それまではメルマガベースだったので、部員同士の交流はあまりなく、お互いの日記を眺め合う感じ。そこで顧問が「横のつながりをつくりたい」と、「レモン部部室」というグループをつくって3期生ほぼ全員を登録しました。すると、みんなが仲良くなっていき、コミュニケーション量が爆発。1人の書き込みにコメントが100件以上つくようなやり取りが頻繁に行われるようになりました。誰かが質問すると、顧問が見たときには、園芸に詳しい部員が回答して解決済みとなっている、ということも起こってきました。

レモンの話題以外にも、ほかの園芸の話だったり、もはや園芸すらまったく関係ない「人生相談」みたいな話が始まって盛り上がったりするようにもなりました。そのうち、そこで仲良くなった部員たちがリアルで一緒に遊びに出かけたりするということも起こり始めました。

あるとき、顧問が私に、「レモン部のおかげで、ソーシャルショッピングというのがようやくわかった」と話してくれました。

ある部員が部室にアップした写真を見て、別の部員が「その鉢、おしゃれですね。どこで買ったの?」と聞いたら、「顧問の店で売っている鉢カバーを買ってみました」と。そのやりとりを見て、「じゃあ私も買おう!」という人が何人も出てきた。肥料も同様で、「顧問のお店で『みかんの好きな肥料』というかんきつ類向けの肥料を買って、レモンにあげました」という人が出てきたら、「私も!」という人がたくさん現れたと。それらを見ていて、「あぁ、ソーシャルショッピングってこういうことか。『友達がいいと言うから買う』というのはこういうことか」と実感できたのだそうです。そんな自然な流れで興味深い現象がいろいろ起こり始めています。

では、レモン部を経営的にみるとどうなのでしょうか？

レモン部は、送られてきた日記を部員ごとの個別ページをつくってアップするという、超アナログな作業をお店のスタッフがやっています。今のところ部費のようなものは取っていないので、売り上げ的には「単に苗木が30鉢売れた」のと変わりません。普通にレモンの苗木が売れたほうが、あとの手間がかからない分、ビジネスとしては遥かに効率的に思えます。

レモン部が始まって1年半ほど経った頃、顧問とこんな話をしました。

「顧問、最近どうですか？」

「レモン部は面白いけど、手間ばっかりかかって全然儲からへん（笑）。ただ、ウチの店、先月の売り上げは最高記録を更新しました。シーズンでもないのに」

「それはレモン部と何か因果関係ありそうですか？」

「うーん……わからへん（笑）。でも、レモン部を始める前は、レモン苗がワンシーズンで700鉢くらい出ていたのが、今は2倍以上の1500鉢とか売れるようになってきた。レモン部に入部はしていないけど日記のページを見に来てくれている『隠れ部員さん』が結構いるみたい。あと、レモン部と関係ないものがよく売れるようになってきたね」

その理由は、さらに話を聞くうちに見えてきました。「スタッフが楽しそうに仕事をしてくれるようになった」といいます。

おそらく今まではスタッフとお客さんとのやり取りは、けっこう事務的だったのです。在庫の有無や納期、商品スペックについての質問がメールで来て、聞かれたことをメールで返す、といったやり取りが多くを占めていた。それが、レモン部が始まってからは、部員とやり取りするにあたってお互いに相手を知っているので距離感が近い。その近い距離感でコミュニケーションをしているうちに、またどんどん近くなっていって、メールのやり取り自体が楽しくなってきた。そんなストーリーが見えてきました。

実は、レモン部を始めた当初、社内では不評だったそうです。「なんで社長はこんなに手間のかかることを始めたのか」と。

転機になったのは、『日経MJ』の一面トップにレモン部の記事が出たこと。「トモダチ消費」というテーマで取材を進めていた記者が、レモン部の話を耳にして、面白がって大きく取り上げてくれたのでした。

記事になるということは、「レモン部は世の中で話題にしてもらえるような、意味のあることだった」ということ。そこからみんなのレモン部に対する姿勢が前向きになってきて、前述のようにお客さんとのコミュニケーションが楽しくなり、ひいては、仕事自体が楽しくなってきた。楽しいから、がんばれる。がんばると、お店全体のアウトプット、活動量が増える。活動量が増えるから、ほかの商品がよく売れるようになる――。そういう因果関係で、レモン部以降、お店が盛り上がって月商記録を更新するという結果につながっているように思えます。

ほかにも「レモン部をやると、売り上げが伸びる」という因果関係はあるようです。レモン部は、「園芸初心者でもウェルカム」としたことで、初心者部員も多く入ってきました。そうすると、「水はどのくらい与えればいいんですか?」という、園芸をやっている人だったら誰もが知っていて当然の質問がきました。それまでは園芸が趣味のお客さんがほとんどで、そんな質問に答えたことがなかった顧問は、「ドボドボといっぱい与えてください」と答えました。すると、「ドボドボってどのくらいですか?」という質問が返ってきました。
そんなやり取りをしていく中で、「園芸の初心者は何がわかっていないのか」「自分たちの知識や経験は、どういうカタチにしたらうまく伝わるのか」ということが、かなりブラッシュアップされていきました。いわゆる「コンテンツマーケティング」の精度が高まっていったことも、成長の1つの要因となっているわけです。

さらに、そもそもレモン部は活動そのものが「アフターフォロー」です。お店との距離感が遠いと、苗木に何かあったときに「問い合わせようかどうしようか」と迷ったり、迷った末に問い合わせしないで枯らしてしまうといったことになりがちですが、距離が近いとそうならずに済みます。また、枯らしてしまったときに「商品が悪かった」と思いたくなるのが人情ですが、レモン部だとほかの部員の状況も見えるため、「自分の育て方がよくなかった」と思わざるを得ません。

このように、レモン部は経営的に見てもいろいろな意味でよい影響を及ぼしています。

お店に「旗」が立つという成果

最後に、最も大きく変わったことを挙げると、レモン部をやっていることで「レモン部のお店」という旗が立ったことです。

旗が立ったことによって、「レモン部っていうのをやっているお店があってね」と人の話題にのぼりやすくなったり、「園芸」のことを考えたときに最初に思い出したりするお店、マインドシェア上位を占めるお店になることができている、という「成果」が生まれます。

こうしてレモン部はじわじわと盛り上がりを見せて、5期目に入っています。顧問（社長）は、レモン部スタート当時は店長を務めていましたが、今は店長職をスタッフに譲りました。そうして自分がレモン部に注力できる体制を整えるほど、レモン部はお店にとって重要な活動になってきています。

大事なことは、短絡的・直接的な因果関係として「売り上げアップのためにレモン部をやっている」と考えるのではなく、「レモン部をやることで全体がうまくいく」という考え方で理解することです。

顧問がよく使う、「部員さんはレモンを育てています。私はレモン部を育てています」という表現から、そのスタンスが伺えます。

これが「究極の対面販売」の道を歩み始めて、消耗戦を脱しつつある「老舗」スタイルの事例の1つです。

このあと本書では、ウェブで連載した12の事例をご紹介します。ただその前に、まずは総論として、「どういう視点で見ていくと老舗スタイルへの理解が深まるか」を考えてみたいと思います。

では、「究極の対面販売」の道を進んでいきましょう！

第1章

一発くんと老舗くん——
消耗戦を抜け出すために
「やってはいけない5つのこと」

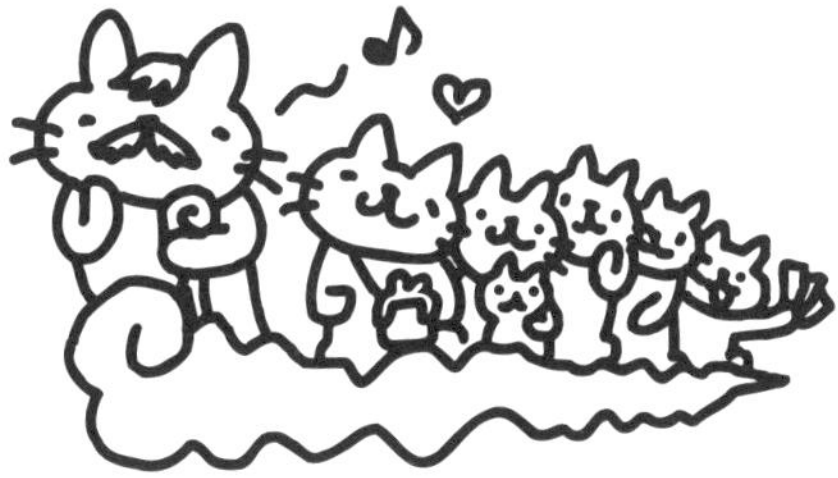

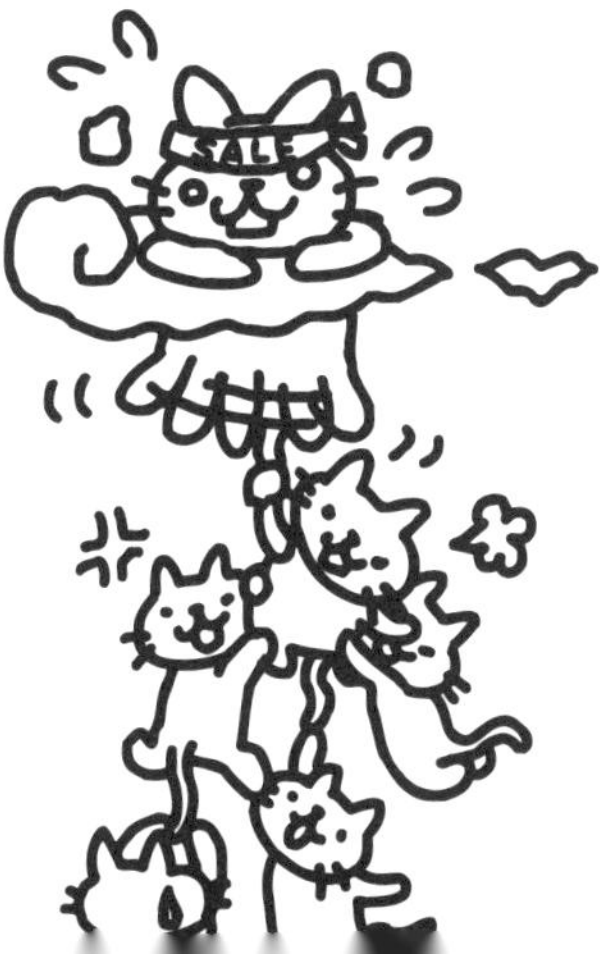

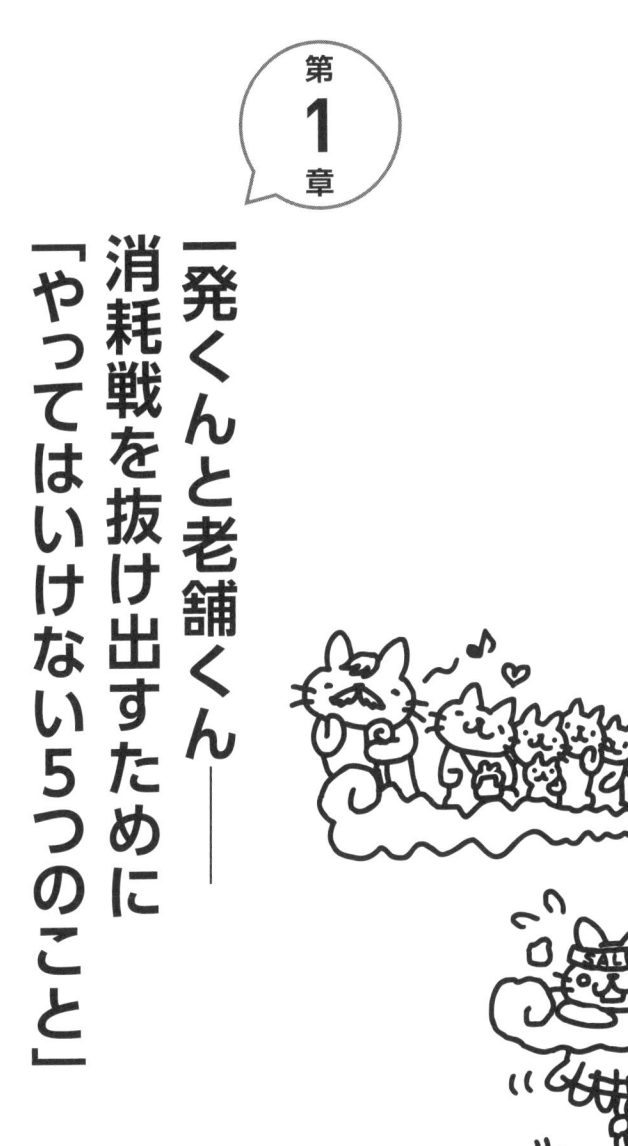

Eコマースのプレイヤー分類

Eコマースのプレイヤー分類

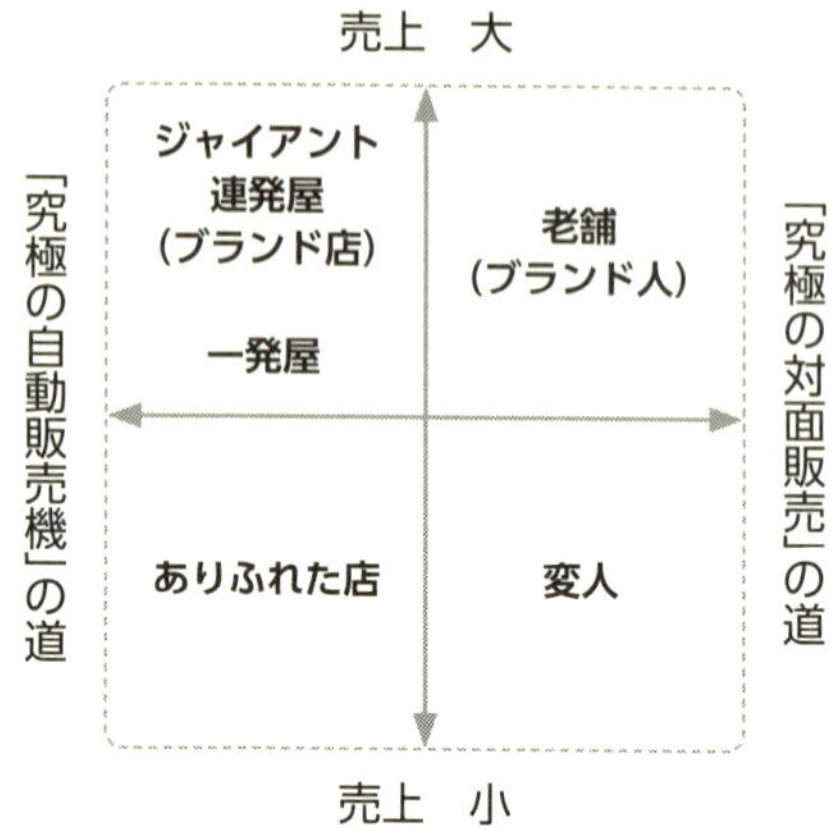

「老舗」スタイルを理解する視点としてまず共有したいのが、「Eコマースのプレイヤー分類」です。図の左側が「究極の自動販売機」の道、右側が「究極の対面販売」の道です。縦軸は売り上げの大小を示しています。売り上げの大きいほうが上で、小さいほうが下です。

●ありふれた店

左側から詳しく見ていきましょう。まず左下、「自動販売機スタンス」で「あまり売れていない」のが「ありふれた店」です。

そもそもEコマースというのは、「北海道のお店でも沖縄のお客さんを相手に商売ができる」という可能性を持っているわけですが、逆に言うと、「お客さんは北海道のお店から沖縄のお店まで、移動コストなしで見比べられる」ということになります。つまり、お店からすると、「地区大会から進んで、いきなり全国大会に出た」ようなものです。

リアル店舗の商売だと、「半径何キロメートルの商圏」というのがあって、その商圏内で何か一番の強みを持っていれば、お客さんがお店に来てくれます。しかし、ネットは全国大会なので、市区町村や都道府県の大会で優勝できても、全国で通用する強みや魅力がなければまったく相手にもされないことになります。

そういう意味で、「単に商品を並べているだけ」で全国大会で戦えるだけの強みや魅力がないお店が分布する左下を「ありふれた店」ゾーンとしています。

●一発屋

次に左上へいきましょう。「一発屋」とあります。

全国大会で試行錯誤しながら、仕掛けたプロモーションが当たったり、扱っている商材がテレビに取り上げられたり、商品自体がブームになってきたりして、短期的・中期的に売り上げが伸びたお店のことを、ここでは「一発屋」と呼びたいと思います。短期的・中期的というのは、だいたい数カ月から2年くらいのイメージです。それ以降は、次の「連発屋」へ進むか、「ありふれた店」ゾーンへ下がってしまうことになります。

●連発屋（ブランド店）

「一発屋」で終わらずに、その後も当て続けることに成功したお店を「連発屋」と呼びたいと思います。

基本的に「連発屋」になれるお店の経営者というのは、商売センスやビジネスセンスが優れています。新商品や新サービスを企画開発してヒットを出し続ける人気店であり、「ブランド店」という位置づけです。「ブランド店」というのは、「あのお店はすごい！」

ということで賞をもらったり、メディアに取り上げられたりして、憧れの対象になるステージです。

●ジャイアント（ブランド店）

左側の一番上に君臨するのが、「ジャイアント」です。

ジャイアントは「究極の自動販売機」の道にあって、業界1位の地位を確立している存在のことをいいます。圧倒的な強みで競争を制覇している、巨人的存在（ブランド店）です。低価格・送料無料・スピード配送・品揃え・ビッグデータを活用した高精度のリコメンドなど、便利さの価値を最大限に提供することで、多くの支持を得ています。

●変人

では次に、右側を見ていきます。

「究極の対面販売」の道は、下が「変人」というゾーンになっています。

「変人」とは、他のお店がやっていない変わったことをやっていて、結果も出ていなくて、

「あいつ何やってんの？　変わってるよね」と思われている人のことをいいます。

レモン部を始めた当初の「花ひろばオンライン」は、ここに当たります。手間ばかりかかって売り上げアップにもつながらず、「何のためにこんなことを……」と思われていた頃です。

●老舗（ブランド人）

「変人」の上が「老舗（ブランド人）」です。

「老舗」とは、「食べていくのに困らなくなった変人」のことをいいます。変人のやっていることを「面白いね」と言ってくれる人がだんだん増えてきて、食べていくのに困らないくらいの支持者やファンができたときに、変人が老舗に〝変態〟するという位置づけです。

「老舗」という言葉は、リアルでは何百年も続いているようなお店のことだったりするので、10年やそこらでは「老舗」たり得ないとも考えられます。ただ、ネットは1995年から商用化が始まっているのと、ドッグイヤー（時間の進むスピードが普通の7倍早い）といわれる世界なので、ネットショップで10年続いているのは70年に匹敵するとも考えられます。そこで、ここでは「老舗」と呼ぶことにしたいと思います。

老舗は「ブランド人」です。図の左側ではブランド「店」だったのに対して、右側はブランド「人」です。そこには、「究極の対面販売」では規模の大小にかかわらず「人」の顔が見える、という意味合いが込められています。お客さんにとって価値を感じる対象が「店」だけではなく、実際に接客してくれる店員だったり、創業者や経営者の思想や世界観だったりするイメージです。

一発屋は連発屋を目指すが――連発屋の苦悩

一発屋は、一発屋として消えていってしまうことを恐れます。そうならないように連発屋を目指します。しかし、憧れの対象である連発屋にも苦悩があるのです。

Eコマース市場が伸び盛り期に入った2003年頃、まさに連発屋として楽天市場のとあるジャンルを席巻していた人気店がありました。仕掛ける商品が次々とヒットし、みるみるうちに売り上げを伸ばしていました。その社長と一緒に合宿に行って、2人で外を歩きながら話をしたことがあります。そのとき、その社長がぼそっと言ったのです。

「もう疲れちゃったよ……」と。

話を聞くと、とにかく当て続けないといけないので、売れる商品・売れそうな商品を探して、毎日全国を飛び回って仕入れをしているわけです。だんだん売り上げ規模が大きくなってくるにつれて仕入れる額も大きくなるので、先立つキャッシュも必要になるし、売れなくてコケたら資金ショートして大変なことになるので、油断ができず不安で夜も眠れない日が続いて……ということでした。常に焦りや不安と戦っていて、「止まると死んでしまう、寝るときも泳いでいないと死んでしまうサメみたいな生活に、もう疲れちゃった……」という、力ないつぶやきでした。

それを聞いて、「華やかに見えるけれども、そっちの道は険しいな」と感じました。世間からの賞賛を得て、カッコよく華やかな分、やり方を真似するお店がどんどん増えていきます。しかも昨今は、いつの間にか自分と比べ物にならない大企業がいきなりドンと入ってくることもある。となると、がんばりが報われないのが明らかになってきます。

そこで、本書では「左側（自動販売機）の道だけが選択肢ではない。右側（対面販売）の道を歩みませんか」という提案をしたいと思います。

消耗戦を抜け出して老舗になるために「やってはいけない5つのこと」

「消耗戦を抜け出して老舗になるために『やってはいけない5つのこと』」があります。

（1） 売れているモノを売ってはいけない
（2） ターゲット客を攻略してはいけない
（3） 競合対策をしてはいけない
（4） スケールメリットを強みにしてはいけない
（5） 勝つためのスキルを磨いてはいけない

この5つをパッと見たときに、どう感じるでしょうか。従来のビジネスの考え方では、これらは「やるべきこと」とされてきました。したがって、これらを「やってはいけない」と言われると少し違和感のある人がいるかもしれません。

消耗戦を抜け出して老舗になるために『やってはいけない5つのこと』

❶ 売れているモノを売ってはいけない
❷ ターゲット客を攻略してはいけない
❸ 競合対策をしてはいけない
❹ スケールメリットを強みにしてはいけない
❺ 勝つためのスキルを磨いてはいけない

では、この5つのルールを詳しく見ていきましょう。

左（自動販売機）の道と右（対面販売）の道は「何がどんなふうに違うのか」ということを対比しながら見ていくために、

究極の自動販売機の道を歩む【一発くん】と
究極の対面販売の道を歩む【老舗くん】

という2人の存在をイメージしつつ、その「あり方・やり方」を比較していきます。

老舗になるために「やってはいけない5つのこと」――

❶売れているモノを売ってはいけない

●多く売れるモノを売る一発くん、ヨソで買えない価値を売る老舗くん

まず、「取扱商品」という視点で比べます。

一発くんは「多く売れるモノ」を売ります。そのためには、「売れているモノ」を仕入れてきて売ることになります。「売れているモノ」というのはどういうモノかというと、「世の中にそれを欲しい人が多いモノ」、つまり「人気のあるモノ」です。それを仕入れてきて売るのが一発くん。

老舗くんは「ヨソでは買えない価値」を売ります。基本的に「売れている（＝ヨソでも売っている）モノを売る」のとは反対のことをするわけです。言い換えると、「それを欲しがっている人があまりいないモノを売ろうとしている」

取扱商品は？

一発くんは	老舗くんは
多く売れるモノを売る	**ヨソでは買えない価値を売る**
※売れているモノを売る（欲しい人が多いモノ）	※興味ないと思っていたモノが欲しくなっちゃう

ことになります。したがって、お客さんからすると、「まったく興味を持っていなかったモノなんだけど、その店の人の話を聞いたことで興味が湧いてきて欲しくなって買ってしまった」という物語が起こるのが、老舗くんの世界です。

老舗くんの世界をもうちょっと深掘りしてみます。

人がモノを買うときの購買意思決定プロセスについては諸説ありますが、シンプルな2ステップモデルで考えてみます。

モノを買うにあたっては、「欲求の壁」と「比較の壁」という2つの壁があります。

「欲求の壁」の手前にいる人は、そもそも「欲しいと思っていない（欲しくない）」状態です。

そこで、「欲しい！」と思えるようになる接客などが必要です。それによって欲求の壁を越えると、次は「比較の壁」が目の前にそびえ立ちます。

購買決定までの2つの壁

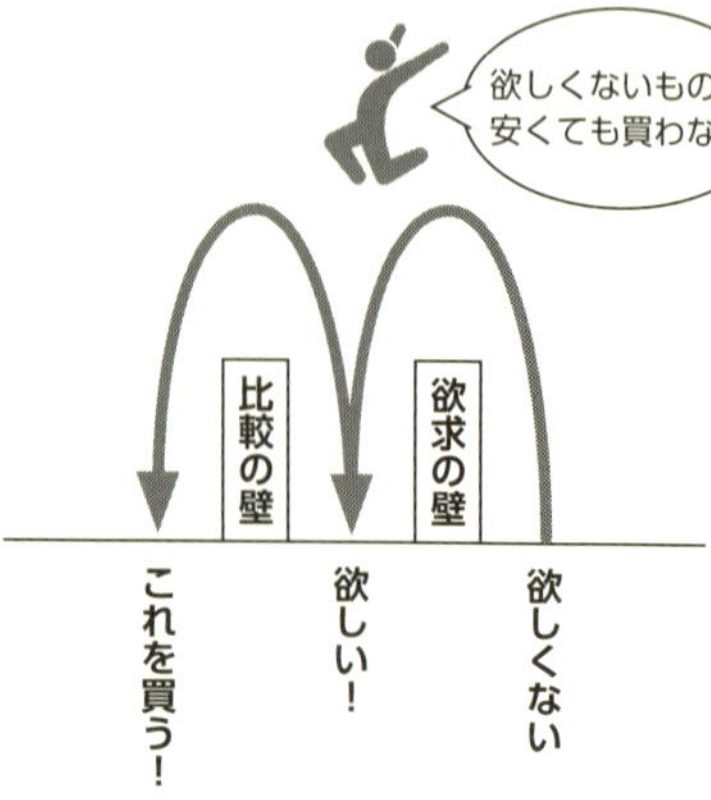

人は、欲しいと思った瞬間に「これください！」とは言いません。欲しくなったあとに、

「買うべきか買わざるべきか」

「ラインアップ上位のモノや下位のモノがあるけど、どれがよいか」

「他メーカーの類似商品とどちらがよいか」

「今買うのと、あとで買うのはどちらが得か」

「どの店で買うか」


など、いろいろな視点から比較モードに入ります。

比較の結果、「この商品を、今、この店で買うという選択肢はアリだな」と納得ができると、比較の壁を越えて「これください！」と言える、というのが2ステップモデルです。

これを元にすると、「安売りしても売れない」という現象は、
お客さんに選ばれていない（ほかで買われている）か、

『欲しい！』ゾーンに人がいない（飽和している）

ということになります。

ここで、「壁の前にいるお客さんの数」を考えてみると、比較の壁の前にいる人数よりも、欲求の壁の前にいる人数のほうが当然多いです。「今は欲しいと思ってないけど潜在的にお客さんになる可能性がある人」というのが欲求の壁の前にたくさんいます。

「売れるモノを売る」という一発くんの商売は、比較の壁の手前にいる「すでに欲しいと思っている人」を相手にしています。

ただ、そこは競合他社みんなが狙っているので、「すでに欲しいと思っている人」を相手に商売をしようとすると消耗戦になります。

お客さんの側からすると、欲しいモノは

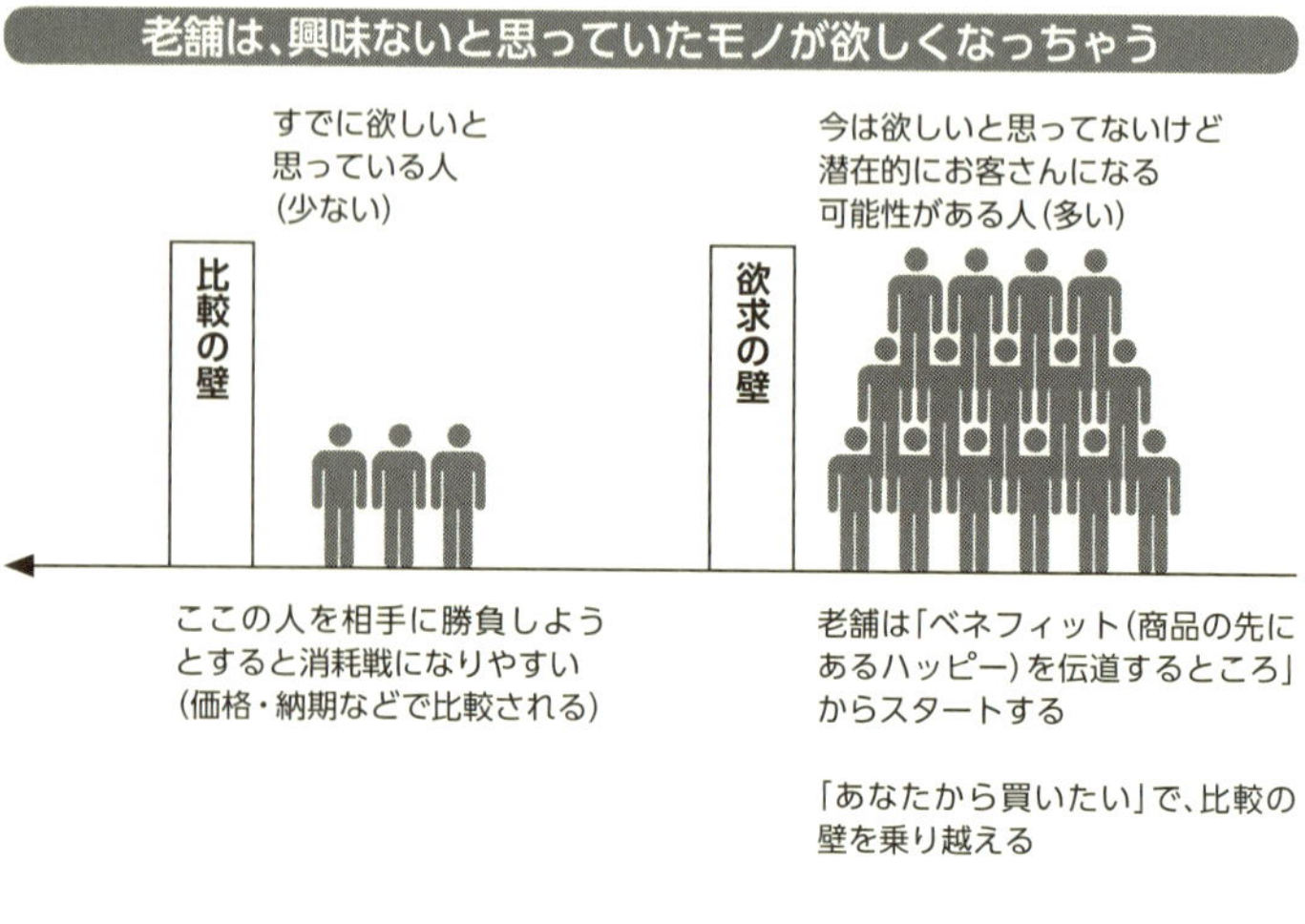
老舗は、興味ないと思っていたモノが欲しくなっちゃう
すでに欲しいと
思っている人
(少ない)
今は欲しいと思ってないけど
潜在的にお客さんになる
可能性がある人(多い)
比較の壁
欲求の壁
ここの人を相手に勝負しよう
とすると消耗戦になりやすい
(価格・納期などで比較される)
老舗は「ベネフィット(商品の先にあるハッピー)を伝道するところ」からスタートする
「あなたから買いたい」で、比較の壁を乗り越える

決まっているので、あとは条件の良し悪しを比較して買うことになるからです。すなわち、価格や納期などをシビアに見比べられて、一番条件のいいところが選ばれるわけです。余計な接客など要りません。

老舗くんのほうは、「すでに欲しいと思っている人」の奪い合いには興味がありません。そんなことよりも、「この商品のある生活の楽しさを知らない人を、こちらの世界にいざなってあげたい」というミッションを持って商売をしているので、まずはその商品のある生活のベネフィット（商品の先にあるハッピー）を伝道するところからスタートします。その伝道（接客）の結果、「欲しい」と思ってもらう。そして、「面白そうな世界を教えてくれた人」という関係性をつくっておくことができれば、「あなたから買いたい」という理由で比較の壁を乗り越えてもらえる。そういうスタイルでファンを増やしていけるのが、老舗くんです。

●コンビニエンスを売る一発くん、エンターテインメントを売る老舗くん

次に「提供する価値」という視点で比べてみます。

一発くんは、「その商品を買いたいと思っているお客さんに、コストをかけさせない」という価値を提供しています。「買い物にかかるコストを最小化する」という価値です。便利さ、コンビニエンスを売っていると表現してもよいでしょう。

老舗くんのほうは、「お客さんにコストをかけさせ、それ以上のベネフィットを享受してもらう」という価値を提供しています。「ベネフィットを最大化する」という価値です。エンターテインメントや世界観を売っているともいえます。

「楽」という字がありますが、一発くんは「ラク」を売っていて、老舗くんは「たのしさ」を売っている。そんな違いがあるというイメージです。

提供する価値は？

一発くんは	老舗くんは
その商品を買いたいと思っているお客さんに、コストをかけさせない	**お客さんにコストをかけさせ、それ以上のベネフィットを享受してもらう**
という価値(コスト最小化)(コンビニエンス)	**という価値(ベネフィット最大化)(エンターテインメント・世界観)**
※楽(ラク)を売る	※楽しさを売る

●「究極の自動販売機」が提供する価値は、5大コストの最小化

ここで、「究極の自動販売機というのは、どのような価値を提供しているのか」を深掘りしてみます。

「コスト最小化」とはどういうことかを考えるにあたって、「コストにはどんな種類があるのか」というところから整理しましょう。コストというと「お金」のイメージが強いですが、お金だけがコストではありません。コストには5つの種類があります。これを5大コストと呼んでいます。

1つめは「経済的コスト」。お金です。これはわかりやすい。

2つめは「時間的コスト」。有限な人生において、時間は重要なコストになります。

3つめは「肉体的コスト」。手間や労力がかかるというのもコストです。

5つのコスト、ベネフィット

- ●経済的（お金）
- ●時間的（時間）
- ●肉体的（労力・手間）
- ●頭脳的（思考）
- ●精神的（不安・気を遣う、楽しい）

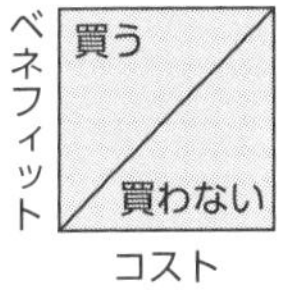

買うのは
「コスト＜ベネフィット」
のとき

4つめは「頭脳的コスト」。意外と見落としがちなコストです。考え事をするとおなかが減るのは、エネルギーを使っているからです。逆にいうと、人は「考えるのが面倒くさいから、やめておく」という選択肢を選ぶことがとても多いので、その頭脳的コストをいかに最小化できるかというのは、極めて価値のあることといえます。

5つめは「精神的コスト」。不安な気持ちになるとか、気を遣って疲れるというのがこれにあたります。

この「5大コスト」の視点から、「究極の自動販売機」が提供している価値を挙げてみると、次のようになります。

1つめ、「経済的コスト（お金）」。最安ではないにしても、二番手グループにはつけている安さ。さらに、送料が無料、または「年額◯◯円支払うと送料が無料」のようなサービスがあり、送料が安い。

2つめ、「時間的コスト（時間）」。注文したらすぐに届く。夜に注文したら翌日の午前中に届くようなスピード配達。あと、お目当ての商品が探しやすい。探しやすいというのは2つ意味合いがあって、1つは「欲しいモノを検索したときにちゃんと出てくる（売っている）こと。もう1つは、出てくるにしても検索結果の件数が多すぎないこと。検索結果が何千件、何万件と出てくると、そこから探す時間がかかる。その負担がないという意味で「探しやすさ」は時間コストを最小化する。

3つめ、「肉体的コスト（手間・労力）」。前述の「探しやすさ」は手間コストも最小化する。究極の自動販売機のページはシンプルで、余計な商品説明を読むためにスクロールする必要がなく、しかもワンクリックで注文が完了する。

4つめ、「頭脳的コスト（思考）」。これも前述のとおり、検索結果としての比較対象が少ないので、迷う余地が少ない。考えなくてもすぐに買えてしまう。

5つめ、「精神的コスト」。「このお店はいつも使っているから安心」という価値。たとえば、知らないお店で「在庫あり」と表示してあったのに「やっぱりありませんでした」という連絡

「究極の自動販売機」の提供価値を考える（5大コストあてはめ）

●経済的コスト（お金）
・最安か2番手グループ　・送料無料

●時間的コスト（時間）
・スピード配達　・探しやすさ

●肉体的コスト（手間・労力）
・探しやすさ（ショートページ）　・ワンクリック

●頭脳的コスト（思考）
・比較対象が少ない

●精神的コスト（不安・気を遣う）
・いつもの安心感　・品切れナシ

→「買いたい人」にとっては便利この上ない

がきてガッカリした経験がある人にとっては、「このお店ならそういうことはない」という安心感はコストを減らしてくれる。

この5大コストへのあてはめを一言でまとめると、検索して注文してもらうことに最適化しているため、「すでに買うモノが決まっている人」にとっては便利この上ない存在といえます。

●価格競争とはどういうゲームか

「自動販売機の道」は、価格競争になりやすいです。そこで、そもそも価格競争とはどういうゲームかということを、いま一度、振り返って整理してみます。

価格競争とは、「買いたい人に商品を届ける」ゲームです。したがって、買い物にかかるコストや流通にかかるコストを最小化することが勝利のポイントになります。

流通コストは、やはりスケールメリットが効く分野なので、規模の大きい「ジャイアント」には勝てません。

価格競争とはどういうゲームか

- ●「買いたい人」に商品を「届ける」（買い物コスト・流通コスト最小化競争）
- ●体力のあるジャイアントには勝てない
- ●価格競争は「商品愛のない人」には敵わない→投げ売りしても心が痛まない

商品の仕入れもスケールメリットでボリュームディスカウントが効く分野なので、安売りを強みとして戦おうとしても財務的体力のある「ジャイアント」にはかないません。この点はまた後述します。

もう1つ、見落としがちですが重要なのが、「価格競争は商品愛のない人には敵わない」ということ。「商品愛のある人」は、価格競争には向いていないのです。なぜかというと、「商品愛がない人（ビジネスにだけ興味がある人）」なら在庫を「投げ売り」しても心が痛まないわけです。でも、商品愛がある人は、「こんな値段で売ったらこの商品がかわいそうだ」のように、いちいち心が痛みます。つまり、精神的なハンデが大きいので、商品愛のある人は価格競争には向いていないのです。

●買いたいモノを安く買えるのは「エンターテインメント」というほどのことではない

楽天には創業時から標榜している「Shopping is Entertainment!」というコンセプトがあります。では、エンターテインメントとは何でしょう？

Eコマース草創期にあっては、「買いたいけど、近所の店では売っていなくて買えなかったモノが買える」「近所で買うより安く買える」というのは、ネットショッピングの楽しさを生み出したかもしれません。ただ、すでにそれが一般的な体験となった現在、改めて思うのは、「買いたいモノを安く買える」というのは「エンターテインメント」と呼ぶほどのことではない、ということです。

安く買えると瞬間的にテンションは上がるのですが、1年後に「安く買えて本当によかった！」と思い返すことがあるかといえば、おそらくないでしょう。

というわけで、エンターテインメントの代表格であるディズニーランドを、先ほどの「5大コスト」にあてはめて比較してみましょう。

経済的コスト（お金）。いっぱいかかります。入場料、飲食代、おみやげ代、遠くから行く人なんかは、飛行機代や宿泊代もかかります。

時間的コスト（時間）。まる1日だったり泊りがけで行ったりします。家からの移動時間も含まれます。

肉体的コスト（手間・労力）。1日中歩き回る労力がかかります。

頭脳的コスト（思考）。「次は何に乗ろうかな」とか「どうやったら混雑を避けられるか」と、いろいろ考えます。

精神的コスト（気遣い）。「一緒に行った人が楽しめているか？」と気を遣いながら過ごします。「こんなに長時間並ぶのか……」というのが苦痛なら、それも精神的コスト。

つまり、もう膨大なコストを支払っています。でも、それ以上の楽しみやハッピーがあるから、「またディズニーランドに行きたい」と思えるわけです。


このように、老舗は「お客さんにコストをかけさせるが、元を取ってもらう」というスタンスです。


では、わざわざお客さんにコストをかけてもらう意味とは何でしょうか。

5大コストがまったく発生しないものというのは、**「自分ごと」**になりません。コストをかけて体験してもらうことによって他人ごとだったものが「自分ごと」になっていく。これが「欲求の壁の前にいる人への接客」のキモです。買いたいどころか、興味すらなかった物事を体験してみることで面白さに気づき、ファンになっていったり、お店の人との距離が近づいていくきっかけができます。そのために、「コスト以上のベネフィット」を享受してもらいやすいような「接客設計図」をデザインしておく。レモン部でいうと、時間や手間をかけて自分で苗を育てるからこそ喜びが大きくなるわけです。

これが「老舗になるためにやってはいけない5つのこと」1番目の「売れているモノを売ってはいけない」という話です。

老舗になるために「やってはいけない5つのこと」——

❷ターゲット客を攻略してはいけない

●「客はターゲット」の一発くん、「お客さんは仲間」の老舗くん

まず、「お客さん」というものをどう考えているのか、比較します。

一発くんにとって、お客さんは「ターゲット」です。ターゲットとは狙うべき標的。何人だろうが何千人だろうが何百万人だろうが、1つの「塊」です。もし「常連さんの名前は把握していますか？」と聞いたとしたら、「常連の名前は、データベースで購入金額順に並べれば出てきますよ」と返ってくる、そんなイメージです。

老舗くんにとって、お客さんは「価値観を共有した仲間」です。お客さんというのは塊ではなく、1人ひとりの人間

お客さんとは

一発くんは	老舗くんは
ターゲット	**価値観を共有した仲間**
※1つの塊 ※常連の名前？ データベースで購入金額順に並べれば出てくるよ	※1人ひとりの人間 ※常連の名前？ すぐ言えますけど、 まず30人くらいでいい？

です。しかも、「価値観を共有」しているので、お店が出した新商品がそれまでの「らしさ」とは異なるシロモノだった場合、「これはあなたのお店らしくない。ブレている。どうしたのですか?」というありがたいメッセージをくれるような存在です。お店の人に常連の名前を聞いたとしたら、「すぐに言えますよ。とりあえず30人くらいでいいですか?まず田中さん。田中さんというのはこんなお客さんでしてね――」と、ポンポン出てくるイメージです。決して「狙うべき標的（ターゲット）」などと呼べるような存在ではないのです。

あるネットショップ店長さんから、こんな話を聞いたことがあります。

「もう何年もメルマガを出していますが、いまだに送信ボタンを押すときは手が震えるんです。数万件のリストという1つの塊にメールを送るのではなく、私の想いが数万人のお客さん1人ひとりに受け取ってもらえるだろうか、と思うからです」

老舗スタンスを如実に表すことばです。

●SEO対策に忙しい一発くん、コンテンツ充実に忙しい老舗くん

ネットでの集客を語るときに必ず話題に出てくる「SEO（サーチエンジン最適化）」に対するスタンスを比較します。

一発くんにとって「SEO対策」はとにかく重要なので、最優先でやります。しかし、これはいたちごっこに陥ります。どういうことかというと、SEO対策とは、「検索エンジンの仕組みを研究し、検索結果の上位に表示されるための対策を講じること」です。もっと平たく言ってしまえば、「上位表示されるテクニック」。それらのテクニックを講じたサイトが上位を占めるようになると、検索エンジンを開発している人はどうするか。開発者にとっては、検索したユーザーに「そうそう、こんなサイトを探していた」と思われるものが上位表示されているのが理想です。小手先のテクニックで対策をしたから上に来ているだけでコンテンツが貧弱なサイトがあると、「その検索エンジンの精度が悪い」

SEOやってますか？

一発くんは	老舗くんは
SEO対策に忙しい ※いたちごっこ	**コンテンツ充実に忙しい** ※SEO対策はSEOの対義語だとわかっている

ということになります。ゆえに、「上位に来ている『対策くん』をいかに下へ落とすか？」を一生懸命考えながら、日々の仕事をしているわけです。つまり、対策すればするほど、上がっては落とされ、上がっては落とされを繰り返すいたちごっこにハマっていきます。振り返ると、10年やっても商売として積み上がったもの（お客さんとの信頼関係）が何もなく、「今までやっていたことは何だったんだろう」という不毛な状況に陥りがちです。

一方、老舗くんのなかには、「SEOとかあんまり考えたことがないんだよね」というタイプの人が少なくありません。それよりも、コンテンツを充実させるのに日々忙しくしています。そうすると、自然にヒットするキーワードが豊富に盛り込まれた状態になっていたり、他のサイトからリンクが張られる魅力的なサイトになっていたりして、自然に順位が上がっていきます。検索エンジンの開発者が「こんなサイトを上位にしたい」と思うようなサイトが、いつの間にかできていくわけです。

老舗くんは、「『SEO対策』と『SEO』って対義語だよね」と思っています。対策をすると落とされ、対策をしないでコンテンツをつくるとSEOにつながるので、対義語としてとらえているのです。

では、「コンテンツを充実させる」というのは具体的にどういうことか、考えてみます。

老舗は、コンテンツ充実に忙しい

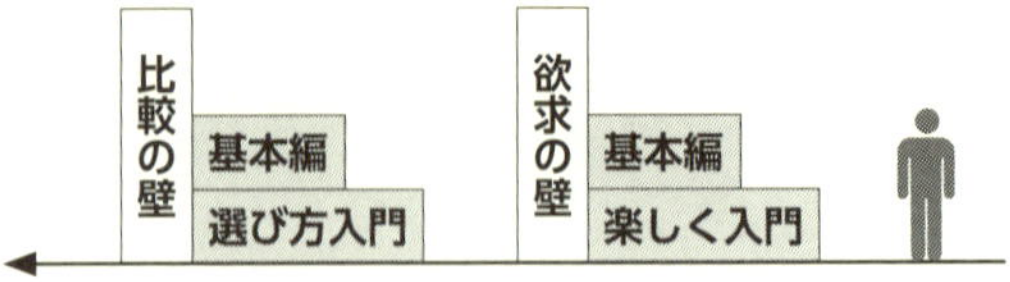

老舗くんは、欲求の壁や比較の壁を越えてもらいやすくするため、階段をつくるようなコンテンツを充実させます。

欲求の壁の前にいる「まだ欲しいと思っていない人」に対しては、その商品の世界を何も知らない人でも気軽に触れられて、「これ、面白い！」と思ってもらえるような入門コンテンツで一歩目を踏み出してもらう。そこで興味を持った人が、「もうちょっと知りたいな」と思ったとき、さらに一段進めるような基本編コンテンツも用意されている。そこをずっと読んでいくとだんだん理解度が高まっていって、「この商品があったら自分はハッピーになれそうだな」というイメージを持ってもらえる、そんなコンテンツをつくることに忙しいわけです。

比較の壁の前にいる人向けのコンテンツとしては、「〇〇の選び方」が典型です。商品知識がない人は、欲しくなったあとに「どれを買えばよいかわからない」という状態になるので、その比較の壁を越えてもらうためのアシストをすると、喜ばれることになります。

実例として、あるスタンプを扱うお店での出来事を紹介します。

そのお店では、店長がちょっと変わったブログをやっています。内容は、自分で材料を買ってきて手作りカバンをつくったり、ビニール傘をデコレーションしたり、シルバーアクセサリーをつくったりするＤＩＹブログで、制作プロセスがとても詳しく、わかりやすく書かれています。毎回、スタンプで模様をつけるシーンが入っているのですが、あくまでも脇役的な感じで、見ただけでは誰もスタンプ屋さんのブログとは思わないようなブログです。

あるとき、セールで初めて注文をくれたお客さんから、こんなメールがきました。

「何の気なしにたまたま検索してみたら御社のページを発見しました。次回はスタンプをいろいろ検討中です。ショップページのＤＩＹ講座の初級から上級も楽しく拝見させていただきました。目からウロコな使い方もいろいろ提案されていて、長くお付き合いしていきたい素敵なショップさんです」

このお客さんは、検索で見つけて立ち寄ったサイトのコンテンツに魅了されてしまったわけです。

店長本人が本当に楽しみながらやっていることもあって、DIY好きな人がここを見るとハマってしまいます。スタンプ店だと気づかずに入ってきて、あとで「スタンプ屋さんだったとは！」と気づく人もいます。言い換えると、「スタンプを自分で買って使う」ということを想像したこともない人が、このお店と出合うことで、「なるほど、こんなスタンプあったらいいかも！」と目覚めるわけです。

●フォロワー増やしに忙しい一発くん、ネタづくりに忙しい老舗くん

SEOに続いて、「ソーシャルメディアが流行・普及してくるとどういう対応をするか」を比較しましょう。

一発くんは、次々とアカウントをつくります。「ツイッターがきた」と聞けばツイッターアカウントをつくり、「次はフェイスブックだ」と聞けばフェイスブックページをつくり、「LINEの時代だ」と聞けばLINEをやる。そして、フォロワーや友達の数を増やす作業を一生懸命がんばり、何をするのかというとセールの告知を流す。それで、「SNSってなんか反応薄いよね」と言っていたりします。

老舗くんは、「お客さんがしゃべりたくなるネタづくり」に注力しています。必ずしも自分でSNSのアカウントを持っていなくてもよいのです。というのは、新型のiPhoneを買った人のうち、アップル社の投稿を直接フォローしていてすぐ買う人と、自分のまわりの友達の「新しいiPhone買っちゃった！」という投稿をたくさん見ているうちに自分も欲しくなって買う人とでは、おそらく後者のほうが多いからです。なので、必ず自分がアカウントを持って発信しなければならないかというと、そんなこともない。それが得意な人はやればいいし、苦手だったら自分でやらなくていいので、とにかく面白いことをやったほうがいい。ソーシャルメディアの時代というのは、「話題にできるネタ」を探している人がたくさんいる状況なのです。

ちなみに、一発くんは、「○○の時代は終わった」というフレーズに敏感です。「メールマーケティングの時代は終わった」と聞けば、反応率が下がってきたチラシメルマガをやめて、

ソーシャルメディアが流行すると？

一発くんは	老舗くんは
次々とアカウントを作って友達（フォロワー）を増やし、告知を流すのに忙しい	**お客さんがしゃべりたくなるネタづくりに忙しい**

次のノウハウを探します。常に、人が集まってきている「成長期まっただ中」の場所を求めてさすらいます。

老舗くんは、チラシメルマガではなく、読者との関係性を築いていく目的で「お手紙メルマガ」を送っています。そして、「メルマガの時代は終わった」と聞くと、ほくそ笑みます。一発くんたちが出していたチラシメルマガが減ると、お客さんのメールボックスに届くメルマガが減り、「空席」ができるのを知っているからです。大量のメールに埋もれてしまう状況が緩和され、よりゆったり読んでもらいやすくなるとわかっているのです。

●刺激的に煽《あお》る一発くん、後悔させない老舗くん

「新規客獲得コストの相場が高くなってきたときにどういう対応をするか」という視点での比較です。

一発くんは、より刺激的に煽ります。セール企画やメルマガの反応率が下がってきたら、より刺激的な安売りなり、メルマガの書き方をして、何とか反応させようと揺さぶりを

大きくします。考え方としては、「とにかく1回買わせること」にフォーカスしている。「買うまでがすべて」です。

老舗くんは、「買ってくれたお客さんに後悔させないこと」にフォーカスしています。1回買ってもらったあとからが本番。というのも、欲求の壁と比較の壁を越えて「購入」したあとに、3つ目の壁が現れるからです。それを「購入後の後悔の壁」といいます。

購入後の後悔とは何か。人は自分の決断が正しかったと思いたい生き物なので、自分が買い物をしたときに、「この商品を今この店で買おう、という判断は間違っていた」と思いたくないわけです。買ったあとに、「同じモノがもっと安く売られているのを見つけてしまった」などということがあってはいけないのです。もし見つけてしまった暁には、激しい後悔に襲われながら、「もう二度とあの店では買うもんか」と決意することになります。

新規客獲得コストの相場が高くなると？

一発くんは	老舗くんは
より刺激的に煽ることに注力する	**後悔させないことに注力する**
※買うまでがすべて（とにかく1回買わせる）	※買ってからが本番（3回目からリピーター）

したがって、「いかに後悔させずに済むか」を念頭に置いたフォローができるかできないかで、「このお店で買ってよかった」なのか、「この店で買って失敗した」なのかが分かれます。だから老舗くんは、「後悔させないことに注力する」のです。その場合、最もやってはいけないのが「煽ること」です。一発くんのように、「これは大人気のすごい商品です」と煽ることで欲求の壁を越えさせると、お客さんの期待値も上がります。そうすると、商品を使ってみたあとで、「なんだ、言うほどじゃなかったな」とガッカリする可能性が大きくなります。

ある老舗の店長さんは、「福袋の企画をやる際は、あえて画像のクオリティを下げる」といいます。福袋を買うお客さんは、ただでさえ「どれほどお得な買い物ができるのだろうか」と期待値が上がっています。そこで、いかに期待値を「適正化」して、ガッカリさせずに済むかを考えた結果、画像のクオリティを下げるようになりました。「販売予定数量を売り切るラインはキープしながら、いかに期待値を上げすぎずに済ませられるか」というのが老舗の問題意識なのです。

「後悔させない」という視点でこんな事例もあります。

あるお花屋さんで買い物をしたときのことです。お店の人から、「この色、素敵ですよね。よいお花を選ばれましたね」というメッセージが自然な感じで届いたのです。そのおかげで、「あぁ、いい買い物したなぁ」という気分を味わうことができました。じわーっと

煽りは、「購入後の後悔」を招く

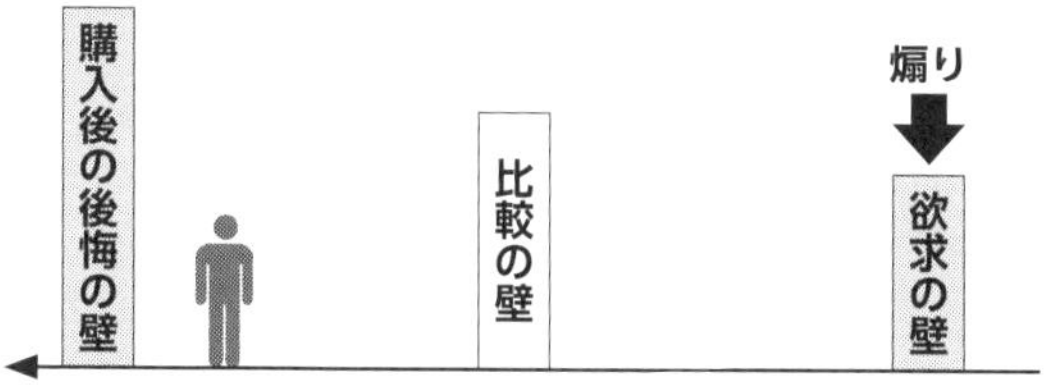

※煽ることで「欲求の壁」を"下げる"と期待値が上がるので「購入後の後悔の壁」が高くなる

感動と後悔のメカニズム

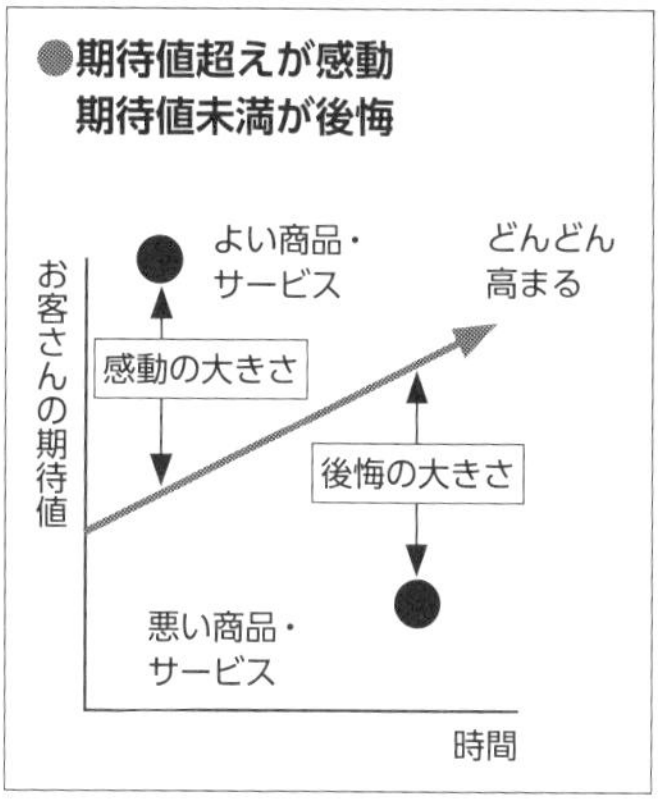

★期待値を超える秘訣

よい商品・サービスかどうかはお店が決めるのではなく、お客さんが決める

↓

(1)期待値コントロール（適正化）

(2)お客さんが期待していない部分（商品ではなくサービスなど）で上回る

「買ってよかった感」が湧いてくるのです。そういうひと言が「購入後の後悔の壁」を越えさせてくれるのだな、と実感した出来事でした。

老舗においては、たぶんそういうひと言が日常的にお客さんとの間で交わされているのではないでしょうか。何かトラブルが起こったときも、「レモン部」のように、「こういう手だてがありますよ」とフォローすることで「枯らす」という失敗体験を回避させることができます。そうすれば、「買って失敗した」と後悔させずに済むわけです。さらに、「レモン部深いなぁ」と思わせてくれる知識や経験を提供してもらえるので、時間が経つほど「ここで買って正解だった」と思えます。近所のスーパーで同じ種類のレモンの苗が安く売られているのを見かけることがあっても、「やっぱりレモン部に入ってよかったな」と思えるのです。

このように、老舗くんは購入後の後悔の壁を越えてもらうために、アフターフォローをします。その考え方と

老舗は、コストをかけさせ、それ以上のベネフィットを享受してもらう

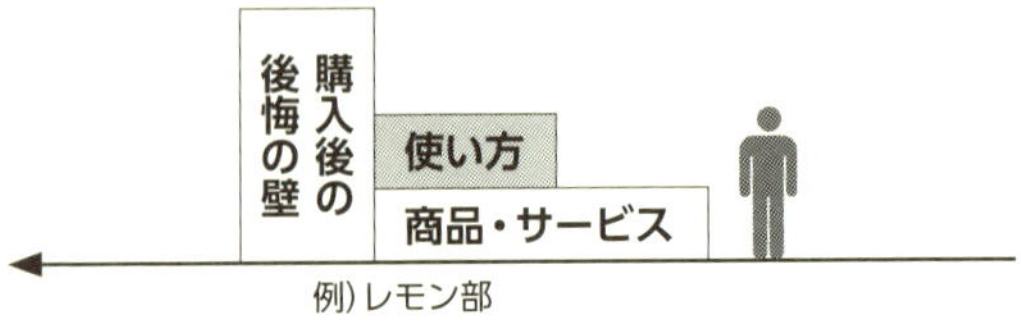

※商品を変えずに、ベネフィットを大きくする方法
→お客さんが、商品を上手に使えるようにする

して、「コストをかけさせ、それ以上のベネフィットを享受してもらう」というのがあります。

そもそも「買ってよかった」と思えるのは、コストよりもベネフィットが大きくなるとき、すなわち、「コスト＜ベネフィット」の式が成り立つときです。この式を成り立たせるためには「コストを下げる」という方法と「ベネフィットを上げる」という方法があります。

一発くんは、コスト（特に価格）を下げることで式を成り立たせようとします。

それに対して、老舗くんは、価格は下げずにコストパフォーマンスを上げようとします。具体的には、「お客さんに商品の使い方をうまくなってもらえたら、ベネフィットを大きくできる」と考えます。その典型が、レモン部です。

その点、私の仕事も同様です。私たちは、楽天市場の出店者さんに「楽天のシステムやサービスの使い方を上達してもらうための支援係」をやっています。うまく使えるようになると、売り上げが伸び、利益が出て、元が取れるわけです。

楽天のシステムは、「最初は誰も使い方を知らないサービス」なので、「使い方をお伝えする活動」が出てくるのは自然な流れですが、この活動は成熟期を迎えた商品でも有用です。成熟期というのは、商品やサービス自体の価値を上げる努力では差がつかなくなっています。一方で、商品は行き渡っていても、プロにとっては当たり前の知識や技術のなかに、お客さんにとっては「知らなかった！」ということがたくさんあります。しかし、売り手側が「当たり前」だと思っているので、わざわざ時間と手間をかけて「使い方を伝える活動」をやろうと思う人は多くありません。老舗くんは、そのチャンスに気づいて、使い方のフォローやレクチャーをします。そういうコンテンツやプログラムがあるから、購入後の後悔の壁を越えてリピートしてくれるお客さんが増えるのです。

●「お試し商品だから安くしなければ」の誤解

新規のお客さんを増やすための典型的な手法として、「お試し商品」があります。これも、一発くんと老舗くんでは、とらえ方が変わってきます。

一発くんは「とにかく一回買わせる」という発想なので、定番の商品が「おまんじゅう30個入り3000円」だとすると、お試し商品は「10個入り800円でどうですか？」のようになっています。お試し商品というのは、「まずは1回買わせるためにサービスするもの」、そのために「粗利を削って安くしないといけないもの」と思っています。それで、安くなっている商品を好む「セールハンター」が集まってきて、お試し商品ばかり売れてリピートされず、まったく儲からないということが起こるのです。なかには、お試し商品をリピート注文するツワモノのセールハンターが出てくるので、それに対抗するために「一度目のご注文に限ります。二度目と判明した場合は自動的にキャンセル扱いさせていただきます」のような禁止ワードがページに盛り込まれます。それでもページをよく読まずにリピート注文が入ってくるので、だんだん禁止ワードのフォントサイズが大きく、文字色も赤く目立つようになり、いつしかページが殺伐とした雰囲気を醸し出すように……というお店を見かけることも少なくありません。

老舗くんは違います。「お客さんに後悔させない」という発想、または「後悔を最小限にとどめる」という発想をします。3000円で30個買ったおまんじゅうが口に合わなかったら、後悔は3000円分です。知らない店で知らない商品を3000円で買うというハードルは、けっこう高いと感じる人がいます。ならば、そのハードルの高さを下げたらどうか。「10個入り1500円」というお試しセットがあると、割高ですが後悔するリスクは1500円でとどめられることになります。

ネットショップではありませんが、こんな実例があります。

ある猫好きなネットショップ経営者が、リアルの「猫カフェ」をオープンしました。ただの猫カフェではなく「保護猫カフェ」といって、飼い主のいない猫がそこにいて、お客さんのなかから里親が見つかったら引き取られていく仕組みのカフェです。そこの新人スタッフが前述の「お試し商品」の話を聞いて、「今の話でハラ落ちしました」と言いました。「うちの猫カフェは1時間1380円が基本で、お試しとして30分800円というメニューがあるんです。割高なのに、かなり多くの人がお試しを選ぶんです。それで『とてもよかったので、次は1時間で来ますね』と言って帰る人が多いです。なんでわざわざ割高なほうを選ぶのかわからなかったんですが、今その話を聞いてハラに落ちました」と。

お試しを安売りと思い込んでいる人は、「お試しの価値とは何か?」という問いを一度考え直してみるとよいです。一発くんのように「何でもかんでも、どんなお客さんにでも買ってもらえればよい」という考えだと、とにかく「何個売れたか?」しか結果を評価する基準がありません。老舗くんの場合は、「その後にお付き合いを続けたいお客さんと出会えるかどうか?」が大切です。そのなかで、「慎重なお客さん」がいたときのためにちょっとハードルを下げた選択肢を用意しておくのが「お試し商品」の価値、そんな考え方をしています。

●2回買ってくれたお客さんを「リピーター」と考えてはいけない理由

「リピーター」の定義も、一発くんと老舗くんでは異なります。

一発くんは、「2回以上買ってくれた人がリピーター」と考えます。

老舗くんは、「3回買ってくれたらリピーター」と考えます。なぜなら、2回買ってくれた人をリピーターと考えてはいけない理由があるからです。

※データサイエンティストとネットショップ店長で集まって、経営データの分析をするプロジェクトをやったことがあります。そのなかで、購入回数別の客数のグラフを出しました。1回購入者、2回購入者、3回購入者……の人数をグラフにすると、ほとんどのお店で1回購入者に

お客さんの購入回数別グラフ（イメージ）

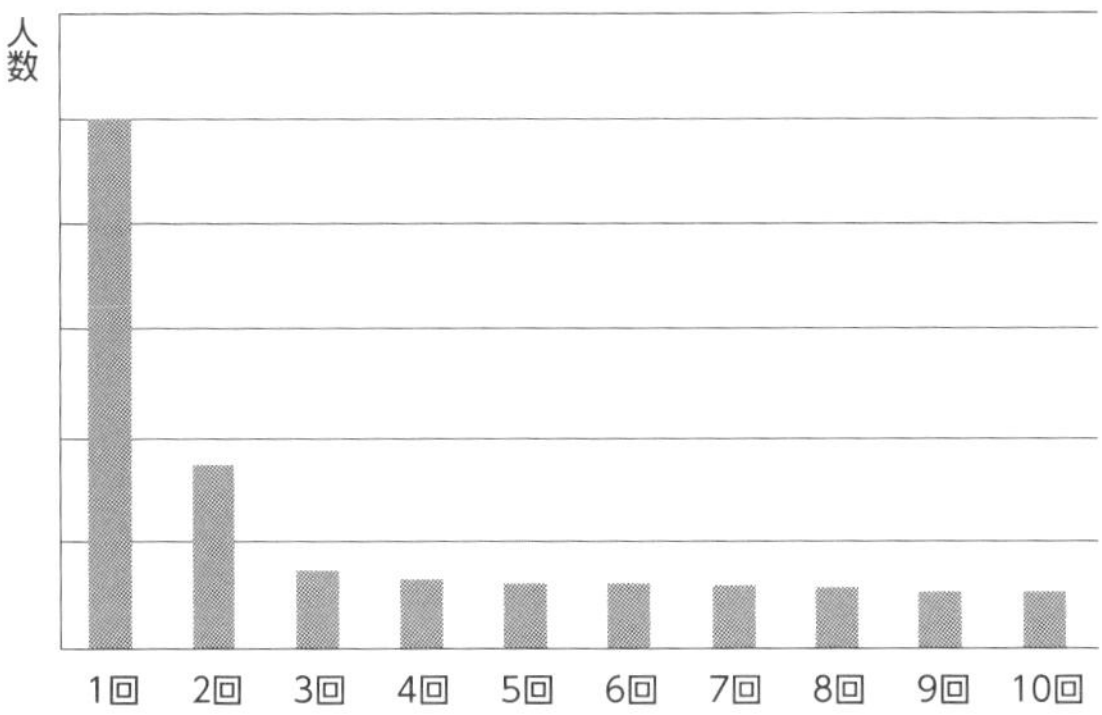

※ビッグデータの分析からビジネスに活用できる知見を引き出す人。

比べて2回購入者がドンと減り、2回購入者に比べて3回購入者がまたドンと減っていました。ところが、3回購入者と比べると4回購入者はわずかに減るだけで、5回購入者以降も微減、という傾向がありました。

つまり、3回買ってもらうまでは、油断ならないわけです。

なぜ3回購入者以降は減らなくなるのでしょうか。その理由を考えてみましょう。

売り手の視座からではなく、自分がお客さんとして、「2回買ったけど3回目は買わずに他店で買うようになった経験」を思い出してみます。

1回目、必要なモノを検索していたら出てきた知らないお店のなかから、「まあ、ここでいいかな」と注文してみたところ、意外とよかった。「これはよいお店を見つけたかもしれない」と思って、また次に機会ができた際に、「あのお店でもう一度買ってみよう」と買ってみたら……届いたときに、「あれ？ 思っていたほどよくないな」と感じるようなことがあります。

これは買い手の「期待値」が関係しています。最初は大した期待をしていないので、実感値が期待値を超えたわけです。しかし2回目は、1回目の実感値のラインまで期待値が上がっているので、そこから比べると、「あれ？ 思っていたほどよくないな」となる。

期待値を下回ることになった結果、3回目を買うことがなくなる、というパターンです。

3回目を買わないパターンはほかにもあるとは思いますが、先ほどのようなお客さんがいるとしたら、2回目に買った時点で、「やっぱりよいお店だな」と思ってもらうことが重要になるといえます（63ページ下図参照）。

すなわち、2回連続で「期待値超え」の体験をしてもらう。そして3回目を買ってもらうところまでを想定し、接客ストーリーを考えているのが老舗です。


ここまでが「ターゲット客を攻略してはいけない」という話です。

そもそも自分がお客さんとして「お店に攻略されたいか」と考えると、「どのお店にも攻略なんかされたくない」と思っている人が大半と思われます。たまに、テレビのビジネス系番組で、インタビューを受けている企業の担当者が、「ターゲットの30～40代男性を攻略しました」と言っているのを見ると、「私は攻略されるものか」と反発したくなります（笑）。やっている企業側が「ターゲット客を攻略するぞ！」と思っていると、それは何らかのカタチでアウトプットへにじみ出てしまい、お客さんにニュアンスが伝わるわけです。攻略されたくない人は、離れていってしまいます。

老舗くんはそれを感じているので、「客」とも言わないし「ターゲット」とも言いません。

「お客様」とか、「○○様」と個人の名前を呼びます。

ある老舗の店長は、「客単価」という言葉すらしっくりこないとして「お客様単価」という表現を使っています。

老舗になるために「やってはいけない5つのこと」――

❸ 競合対策をしてはいけない

●対戦型の一発くん、演技型の老舗くん

競合他社が増えてきた場合の対応を比較します。

一発くんは、「対戦型」です。対戦型のスポーツには、サッカー、野球、柔道などがあります。スポーツ以外では囲碁や将棋も対戦型です。相手と対峙して、相手のよいところを消しながら勝ちにいくのが対戦型競技の基本的な戦い方です。魅力の消し合いが起こるわけです。柔道なんかが典型ですが、負けないようにガチガチにやると、試合が全然面白くなくなってしまう。やっているほうは体力的に消耗してキツい割には、観客は

盛り上がらない。それが対戦型のイメージです。

老舗くんは、「演技型」です。演技型のスポーツには、フィギュアスケート、体操、シンクロナイズドスイミングなどがあります。敵と対峙して組んでやるのではなく、自分で演技をするスタイルです。基本的には、自分で魅力を追求していくことになります。

対戦型だと、競合は「打倒する対象」になります。演技型だと、競合は「自分を磨くための砥石」になります。ライバルが4回転ジャンプをできるようになったら、「すごいな、自分もがんばろう」と思える、そういう存在です。そして、評価をしてくれる審査員はお客さん。これに対して対戦型では、競合を倒すことに意識が向き過ぎて、お客さん不在のバトルが繰り広げられる……ということが起こりがちです。

小阪裕司さんの著書『「お店」は変えずに「悦び」を変えろ!』(フォレスト出版)の冒頭に、「イオンに殺される」

競合他社が増えていくと?

一発くんは	老舗くんは
対戦型(魅力の消し合い)	**演技型(魅力の追求)**
※競合は、打倒の対象	※競合は、自分を磨く砥石
※「イオンに殺される」 「ネットに殺される」	

という表現が出てきます。

リアル店舗を営む人のなかに、「近所にイオンが出店してきたら、自分たちは殺される」と言う人がいる。彼らは、「ネットに殺される」とも言う。でも、そうじゃないよね、という流れで価値創造型の商いのスタイルが語られる内容です。

「イオンに殺される」「ネットに殺される」という発想は、競合ばかりを見ている自動販売機スタンスです。そのスタンスでやっていると、やはりライバルの登場は脅威以外の何物でもないわけです。

●下をくぐる一発くん、万年2位の老舗くん

では、競合が増えて価格競争が激しくなってくるとどうするか。

一発くんは、勝負をかけて、値下げします。

ある老舗スタイルの店長が、こんなことを言っていました。「ウチはいつも楽天市場のジャンル別ランキング2位なんです」と。どういうことなのか聞くと、「いつも1位は新しいお店ががんばって値下げしてきた商品が出ている。あれは赤字だと思うんだけど。だから、そういうお店って、だいたい2～3カ月するとランキングからいなくなってい

て、また別の新しいお店のセール商品が1位になっている。そうやって1位が入れ替わっていくので、ウチは万年2位なんです（笑）」と。

このように、老舗くんはいつもランキング2位。値段は最安ではないけれど、ファンのお客さんに支えられているから2位のポジションを維持できています。

老舗くんの競争相手は「きのうの自分」です。競合を見るのではなく、お客さんを見ている。お客さんの期待値というのは前述のように、1回目がよかったらそこが次回の期待値になるので、高まり続けます。その期待値を超え続けられるかどうかは、きのうの自分より今日の自分が成長できているかどうかによるわけです。老舗のなかには、「自分との闘い」という表現を使う人もいますし、そもそも「戦い・闘い」という言葉自体を使わない人もいますので、ここでは老舗くんを「きのうの自分を超えることで、高まる期待値を超え続ける人」としておきます。これは先ほどの「演技型」の話とリンクする内容でもあります。

ここまでが「競合対策をしてはいけない」という話です。

価格競争が激しくなると？

一発くんは	老舗くんは
勝負を賭けて、最安値にする	**いつもランキング2位。1位が入れ替わっていく**

老舗になるために「やってはいけない5つのこと」——

❹スケールメリットを強みにしてはいけない

●コスト競争の一発くん、手間がかかることをやる老舗くん

「自分よりもはるかに強い大企業が本気でEコマースに参入してきたときの対応」という視点で比較してみます。

一発くんは、がんばって戦います。価格競争、露出競争、品揃え競争、バックオフィス効率化競争、全体的なコスト削減競争を一生懸命やります。少しでも多く売って、規模を拡大させ、スケールメリットを効かせられるようになれば、事業を改善できると考えているからです。しかし、少しずつ規模拡大することに成功したとしても、圧倒的にスケールの大きい相手と比べると、規模の強みは打ち消されてしまいます。お客さんから見ると、魅力のない「ありふれた店」になってしまうわけです。

老舗くんは、そもそも体力のある巨人と戦っても勝ち目がないことを最初からわかっているので、戦わない道を選びます。なので、「大企業にはできないこと（手間のか・か・る

こと）」をやります。大企業というのは、「3カ月に1回、決算発表を出さなければならない」というルールで動いているので、3カ月以内に結果が出ないような取り組みというのは、基本的には「仕事をしていない」と見なされやすい。だから、1年経たないと結果が出てこないような取り組みはしにくいわけです。上司としても自分の部下に、そんなすぐには結果が出ないことがわかっている仕事を振りにくいし、部下も会社に評価されない仕事などやりたくない。そういったさまざまな理由があって、大企業というのは手間がかかることや気長なことができない。非効率なことができないという宿命を背負っています。

そこで、老舗くんはその裏をかくというか、そこを見抜いて、大企業ができないことをやります。言い換えると、図体が大きくなくて小回りの利く会社は、社長さえ、「この非効率な手間のかかる先の長い

大企業が本気でEC参入してくると？

一発くんは	老舗くんは
価格競争 露出競争 品揃え競争 バックオフィス効率化競争 コスト削減競争 ※EC参入する側の大企業は 一発屋・連発屋スタート？	**大企業にできないこと （手間のかかること）をやる** ※大企業は手間のかかること ができない。非効率でしか 創れない価値がある ※体力のある巨人とは戦わない

活動をやる意味がある」と思えば、「よし、やろう」と決められるのが強みということになります。レモン部はまさに典型です。短期的に見ると、まったくもって非効率極まりない活動ですが、社長が「ええやん。面白そうだからやってみよう」と言ってスタートし、やり続けるうちに、思ってもいなかったような面白いことが起こってくるのです。

なお、参入する側の大企業としては、おそらく市場調査をして「ウチもこのくらいは売れそうだからやろう」といって自動販売機モデルで参入してくるケースがほとんどだと思われます。すなわち、入ってくるほうも「消耗戦は覚悟の上で、連発屋またはジャイアントを目指す」ことになるわけです。

そこでの消耗戦では「効率化」がキーワードになりますが、「効率化というのは何のためにするのか？」という視点でも一発くんと老舗くんでは考え方が違います。

一発くんは、効率化が価値の源泉だと考えています。効率化によって、いかに経費を抑えて価格を下げられるか、配送スピードを上げられるかなどが決まるからです。

老舗くんは、業務を効率化すると時間が余るので、余った時間でお客さんとおしゃべりをします。**「効率化の目的は、顧客接触時間を増やすこと」**と考えているからです。

●金と名誉の一発くん、相手の笑顔の老舗くん

そもそも何のために仕事をしているか、という視点で比較します。

一発くんは、「もっと儲かりたい。いいクルマに乗りたい。いっぱい売ってランキング1位になりたい。表彰されたい。とにかく規模を拡大したい」といったモチベーションでがんばっています。お金、名誉、規模が拡大することは無条件によいことだと思っている。

老舗くんは、「目の前の人に笑顔になってもらうため」にやっています。目の前の人というのはお客さんだけでなくて、スタッフや取引先も含みます。

先ほど、「よいお花を選ばれましたね」というメッセージをくれた「後悔させない」お花屋さんを紹介しました。あれは、関東に大雪が降ってビニールハウスがつぶれてしまった花農家さんを支援する企画でのエピソードです。

仕事をするのは、何のため？

一発くんは	老舗くんは
お金のため 名誉のため 規模拡大のため ※目に見える成長	**目の前の人に 笑顔になってもらうため** ※お客さん、スタッフ、取引先など ※ひいては、世の中。

被災を免れたお花の苗を「利益の出る適正な価格」でみんなに買ってもらいたい。しかし、市場を通すと安くなってしまうので、花農家さんから直接買い付けて「支援買い」してもらおう、という企画です。これはまさに「取引先の笑顔」のためのプロジェクトであり、支援買いさせてもらった側も笑顔になれるプロジェクトでした。「目の前の人たちが笑顔になり、ひいては自分の活動を通して世の中が元気になったらいいな」という想いを持って仕事をしているのが、老舗くんです。

成長には、「目に見える成長」と「目に見えない成長」があります。一発くんが求める「お金、名誉、規模」は目に見える成長。目に見えない成長は、**「自己中心的利他」**がキーワードです。これも小阪裕司さんから教えていただいた表現です。「利他」という言葉は、自分を犠牲にして他人のためになることをやるニュアンスがあります。「利他が大事！」と言っている人のなかには、無理をしている感じが伝わってきて、自然体とはいえない人がいます。そのような「自己犠牲的利他」だと長続きしにくい。

そこで「変人」の出番です。変人というのは、自分がやりたいことをやり、それを「いいね！」と言ってくれる人が増えるのが「利他」だと考えます。これを「自己中心的利他」と呼んでいるのです。ただし、「やりたいこと」というのはあくまでも「目の前の人に笑顔になってもらうために「やりたいこと」であって、単なる自己満足のためのものという意味合いではありません。こうして、自分が好きなことをやっていると、だんだん生み出される価値が大きくなっていく。それで「いいね！」と言ってくれる人が増えていくと老舗に上がっていきます。老舗くんにとっての「成長」とは、「あなたのおかげで生活が楽しく、豊かになった」といった「目には見えにくい感謝の気持ち」が増えていくことなのです。

●伸びていることがモチベーションの一発くん、「たまごち」がモチーベションの老舗くん

続いて、「スタッフのモチベーション」の比較です。

一発くんの会社では、業績が伸びていることがモチベーションの源泉です。仕事量も多く忙しい毎日ですが、「達成感」とか「将来給料が増える期待」が原動力になっているのです。逆に言うと、伸びなくなると一気に不穏な空気になるおそれがあります。忙しいのに達成感も味わえないし、前よりがんばっているはずなのに結果が出ない。将来への期待が持てなくなるので辛くなって辞めてしまう、ということが起こります。伸びているときに雰囲気がよいのは当たり前なので、その状態に安心してしまっては危険です。

老舗くんの会社では、「魂のごちそう」がモチベーション。お客さんや上司・同僚など

スタッフのモチベーション（原動力）は？

一発くんは	老舗くんは
伸びていることがモチベーション	**たまごち（魂のごちそう）がモチベーション**
※達成感と給料が増える期待	※お客さんや上司・同僚からの「ありがとう」
※伸びなくなると辞めちゃう	※長くやるほど楽しくなるので辞めなくなる

まわりの人から「ありがとう」と言われて、ガッツポーズをしたくなったり、じわじわとうれしくなるような体験を「魂のごちそう」といいます（これも小阪裕司さんから教わりました）。「魂のごちそう」はちょっと長いので、私は略して「たまごち」と呼んでいます。レモン部で、長くやればやるほどスタッフとお客さんとの距離が縮まっていく、という話がありました。そうすると「たまごち」をもらえる機会も増えて、仕事がどんどん楽しくなっていくので、「やめられないとまらない」某スナック菓子状態になります。

以上が「スケールメリットを強みにしてはいけない」という話です。要するに、「中途半端なスケールメリットで全国大会を戦おうと思っても、上には上がいて強みにはならないので、ジャイアントとして君臨するか、自動販売機の道はやめるか、どちらかにしませんか？」という問いかけです。

老舗になるために「やってはいけない5つのこと」――
❺ 勝つためのスキルを磨いてはいけない

●勝つための技を磨く一発くん、不敗狙いの老舗くん

これまでもニュアンスとして出てきていますが、「戦い」というものに対するスタンスを比較してみます。

一発くんは、そもそも戦う気マンマン。一生懸命、武術の練習をしています。

老舗くんは、戦わなくて済むように、いろいろ工夫をします。勝たなくてもよいので「負けないこと」を考えます。孫子の兵法でいう「不敗」の考え方です。

思うに、多くの人が「ビジネスは戦いだ」と考えているようです。だから、「戦わないで済むようにする」という話もあまりピンときませんし、「戦わないスタイル」にチャレン

戦いについて

一発くんは	老舗くんは
戦う気マンマンなので勝つための技を磨く	**戦わなくて済むよう工夫する**
※みんながいるほうへ行かないと不安	※強みを活かして誰もいないポジションへいく

ジしている人を「変人」と呼びます。

老舗くんからすると、「なぜみんなそんなに戦いたいの？」と思っています。「ビジネスを戦おうとする理由」を深掘りして考えてみたのですが、「みんながいる方向に行くというのは安心」という心理が根底にあるのではないでしょうか。言い換えると、「みんながいないほうに行くのは不安」なので、みんなと同じことをやろうとする。みんなが集まっているところでビジネスをしようとするから、競合がわんさかいるので戦わざるを得ない。だから、「戦うために技を磨こう」という発想になる。

もしスタートのところで、「自分がやりたいので、みんながいなくても別に不安じゃない」と思うことができれば、戦う必要がなくなると思うのです。ただ、本当にまわりに誰もいないで孤立すると、人は社会的動物なのでいろいろ不具合が起こってきます。なので、魅力的な価値を提供することで、まわりに人が集まってくる状態をつくれるかどうかがカギになります。「自分の強みを活かして価値を生み出す」という活動を、競合がいないポジションでできてさえいれば、「それいいね！」という人たちに囲んでもらえる。そういうビジョンが見えているのが老舗くんです。

●結果志向の一発くん、成果志向の老舗くん

「成功とは何か？」という視点で比較しましょう。

一発くんは結果が大事。

老舗くんは成果が大事。

これはレモン部メルマガの「結果と成果の違い」という話を前提にしています（19ページ参照）。結果とは、レモンの実がなること。なので一発くんにとっては、今年レモンがなったら成功で、ならなかったら失敗です。判断基準は、結果が出るか出ないか。

成果とは、結果のなかにつくり手の想いが実現すること。なので、老舗くんにとってはレモンがなるのは大前提で、想いが実現した（内容が伴った）結果でなければ成功とはいえないわけです。もし今年はならなくても、長いスパンで必ず「結果」するとわかっているので、失敗とも思わない。毎年「結果」して5年後に初めて「成果」が出るより、3年間「結果」


成功観は？

一発くんは	老舗くんは
結果が大事	**成果が大事**
※基準は「結果が出るか出ないか」	※基準は「結果のなかに自分の想いが実現したか」

しなくても4年目に「成果」が出るほうがよいと考えます。

かくいう私、実はレモン部1期生です。園芸ド素人で、3年間は結果せず、4年目にして初めて結果した劣等生。ただ、4年目には20個以上の結果が出て、見た目も味もいい感じの実をつけてくれたので「成果」と呼べるものになりました。3年間結果が出ない間、レモン部顧問が、「いつか成果が出るように、今は木を充実させることに力を入れよう」と応援してくれたのが心の支えになっていました。こういう発想ができるのが老舗スタイルだと思うのです。

売り上げが欲しくて、セールをすると売れます。しかし、そこで買ってくれる人は、セール品が好きな人ばかりで、長くつき合えるお客さんではないことが多い。すなわち、それは「結果」は出たけれど「成果」ではない。そう考えて、無闇にセールをやることはしないのが老舗です。

●要領バツグンの一発くん、51パーセントルールの老舗くん

「仕事の進め方の価値基準」という視点で比較します。

一発くんは、短期的効率が優先。要領がよいタイプです。

老舗くんは、長期的効率が優先で、「短期では非効率であっても長い目で見ると効率的ということがある」とわかっている。お客さんとの信頼関係が深まってくると、新商品を出しただけで「あなたがいいと言うならいただくわ」と買ってもらえるようになる、というビジョンが見えています。

長期的効率を優先することを、私は「51パーセントルール」と呼んでいます。スキーや、サッカーのドリブルをイメージしてほしいのですが、足元に意識が行き過ぎると転んだり、相手にボールを取られたりします。うまい人は、自分の足元へは半分未満しか意識が行っていない状態になっています。足元以上に前方または前後左右を見られるので視野が広く、転びにくくなります。これを商売に置き換えると、今月つくらなければいけない数字（売り上げや利益）は50パーセント未満の力で達成できていて、残りの半分以上で中長期を視野に入れた活動、すなわち、すぐには結果が出ないような活動に取り組んでいるイメージです。

仕事の進め方は？

一発くんは	老舗くんは
短期的効率が優先	**長期的効率が優先**
※要領バツグン	※51％ルール ※信頼が効率を生むとわかっている

●失敗できない一発くん、失敗できるよう「遊び」を確保する老舗くん

先ほど成功観を比較したので、「失敗とは何か？」も比較してみましょう。

一発くんは、「連発屋の苦悩」（35ページ参照）で前述したのと同じで、余裕がなくて失敗ができません。そのため、失敗とは「してはいけないもの」と位置づけています。また、過去にバカ売れした成功体験があるので、その鉄板ネタに縛られています。同じやり方を続けるうちに反応が薄くなってきても、いきなりガラッと変えて大きくコケるというリスクは冒せないので、過去の成功体験に縛られたまま、じりじり下がってきても同じやり方を続けざるを得ない、という状態に陥りがちです。足元の数字づくりに追われていると、そうせざるを得ないのです。

老舗くんは、「失敗しないと成功しない」と思っている

失敗観は？

一発くんは	老舗くんは
失敗できない。または成功体験（鉄板ネタ）に縛られる ※足元の数字づくりに追われる日々	**失敗できるように「遊び」を持てているようにする** ※キャッシュフローを心配しないで失敗できる

ので、失敗してもいいように「遊び」を持てている状態を意識的につくります。ある老舗スタイルの会社では、キャッシュフローを心配しないで失敗できるように、「何日間だったら売り上げゼロでも組織は存続させられるか」という「生存ライン」を計算して把握しています。

●効率のよい手法に絞る一発くん、いろいろ取り込んでネタにする老舗くん

新しい販売形態やツールが出てきたときにどう取り組むか、という視点で比較します。

一発くんは、いろいろ試してみた上で、最も結果が出た効率のよい手法に絞っていきます。

老舗くんは、いろいろ取り込んで、お客さんに遊んでもらえるような使い方を工夫します（具体的な事例は第2章で紹介）。

ある老舗ネットショップの店長さん曰く、「私が始めた

新しい販売形態やツールが増えると？

一発くんは	老舗くんは
効率のよい手法に絞る ※過去の成功体験がベース	**いろいろ取り込もうとする** ※お客さんに楽しんでもらうネタにする。

1998年当時は、モノを売る前に自分たちのことを知ってもらわないと、お客さんは不安で買い物なんてできない時代でしたから」と。

まずは自己紹介（自己開示）をして怪しい者ではないことを示し、お客さんとコミュニケーションを深めるために、メルマガでプレゼントクイズを案内したり、お楽しみオークションで遊んでもらったり、共同購入で盛り上がったり、というバラエティに富む店舗運営のスタイルが「定石」の一つでした。

しかし、Eコマースが成長期に入ると、売れる商品を並べてセールをやれば売り上げが伸びるようになりました。その結果、手間のかかる割には大きな売り上げ数字にならない販売形態は切り捨てられていき、自動販売機型のお店が増えていきました。プロモーションのためには広告を出せば売れるので、メルマガを配信しないお店も増えました。

こうして効率のよい手法に絞られて「最適化」が進んだ結果、遊びがなくなり、消耗戦に巻き込まれても「打つ手なし」という状態に陥りやすくなっています。そのような会社では、「究極の対面販売スタイル」を部分的に取り入れようとチャレンジするも、結果が出る前にガマンし切れなくなって、やめてしまうことになりがちです。

「究極の対面販売」の道を進もうというときに一番の敵となるもの、老舗くんの成長を阻害するものが、「費用対効果（ROI）」という指標です。しかもそれを短期的に測定しようとするとなおさら結果を出すのは難しくなります。

大事なのは、**「行為と結果のタイムラグをどれだけ長く見られるか」**です。また、老舗くんの取り組みにおいては、行為と結果の因果関係が必ずしも直結していません。「なぜレモン部を始めたら、最高月商を更新できたのか」というのは、直接的・短絡的にはつながっていない。いろんな因果の経路が複雑に絡み合って生まれた成果です。「風が吹けば桶屋が儲かる」のストーリーのように、何段階にもなっている因果関係をどこまで見抜いてイメージし、「これはやる意味がある」と思えるかが大事なのです。「費用対効果」という指標を掲げて、「あなたのこの作業はいくら効果があったのか、数字で出しなさい」ということをやると、ほぼ確実に「老舗への道」は閉ざされることになります。

●「一発屋」が生まれる「成功」プロセス

ここまでが、「老舗になるためにやってはいけない5つのこと」の話です。最後に、この第1章のまとめとして、「一発屋」が生まれる「成功」プロセスについて考えておきます。

その際、92ページの図の「成長カーブ（Sカーブ）」という視点を持っておくと理解が深まります。「成長カーブ」は、プロダクトライフサイクル（商品寿命）を表すのに用いられることが多いですが、それだけではありません。物事というのは「導入期」からグッと伸びる「成長期」を経て、伸びが止まる「成熟期」に入り、放っておくと「衰退」していく、という法則です。商品だけでなく、人や企業など「成長するもの」に共通する法則です。

　説によっては、「導入期と成長期と成熟期がほぼ等間隔になる」という考え方もあります。「一気にブレイクすると一気に廃れる」という現象は、その考え方をベースにすると納得感があります。「流行語大賞を受賞した芸人は、翌年消える」というジンクスがありますが、流行語大賞に選ばれるのは「誰も異論がないほどわかりやすく今年ブレイクした芸人のもの」ばかりなの

「一発屋」が生まれる「成功」プロセス

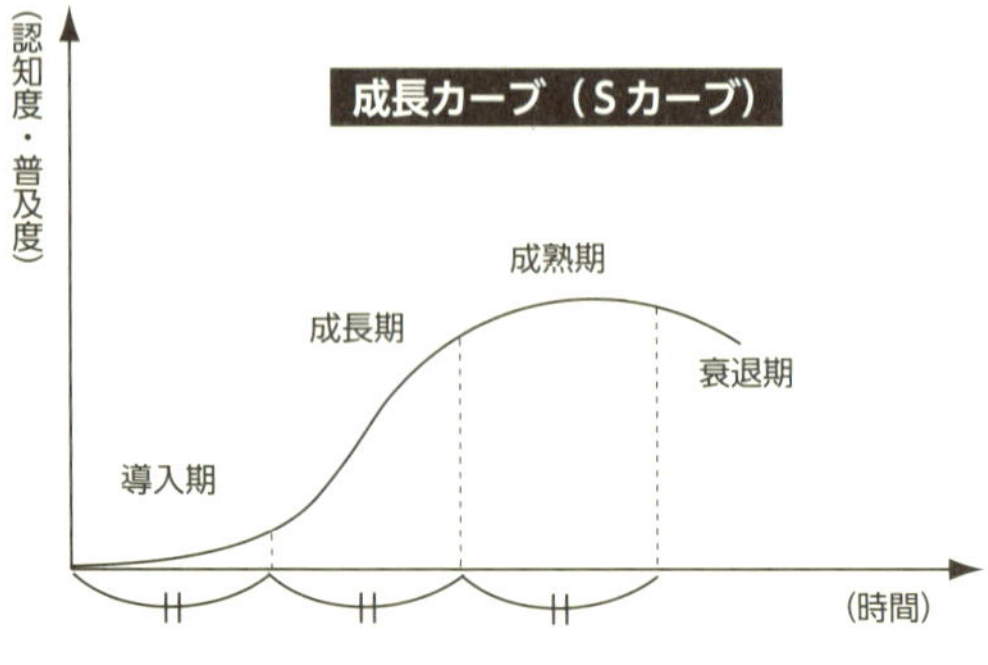

※「流行語大賞を受賞すると消える」ジンクスの理由

で、消えるのも1年以内で、ということになるわけです。これが、「一発屋」が生まれるメカニズムです。

では、老舗というのは何かというと、「成長カーブを乗り換え続ける人」です。衰退する前に、次の波（Sカーブ）に乗り換える「波乗り」に成功すると、次の成長ステージに進めるのです。

私が体験した、成長カーブ乗り換え事例を紹介します。

94ページの図は、楽天市場の出店店舗数のグラフです。1997年の創業から2006年まででのものですが、2002年あたりまでがきれいなS字になっていて（第1カーブ）、そのあと波乗りを果たしているのが見て取れます（第2カーブ）。

Sカーブを乗り換えるのが「老舗」

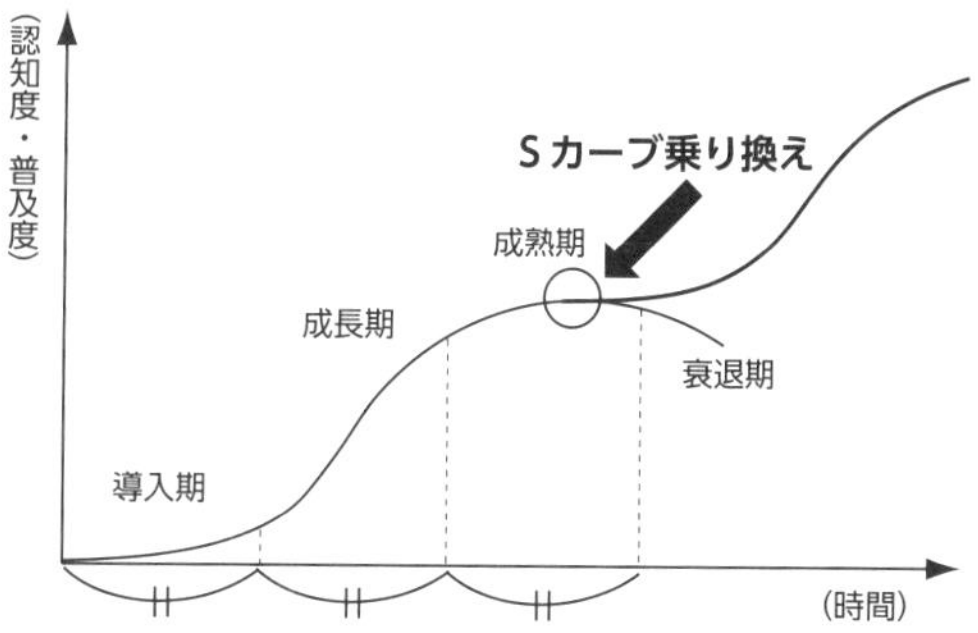

実は、２００２年４月に、ビジネスモデルの大きな変更がありました。その内容は、拙著『「ビジネス頭」の磨き方』（サンマーク出版）に詳しいのでそちらに譲ることにして、ここでは「波乗りし続けるのが老舗」という考え方を共有するにとどめておきます。

●Eコマースプレイヤーの成長法則

本章冒頭の「Eコマースのプレイヤー分類」のマトリクス（30ページ）を見たあるネットショップ店長さんが、「私は上の真ん中を目指す」と言いました。右側の「対面販売」の道というのは「THE アナログ」なイメージがあるけど、実際にビジネスをやっていくとバックオフィスをはじめ自動販売機的

楽天市場の出店店舗数

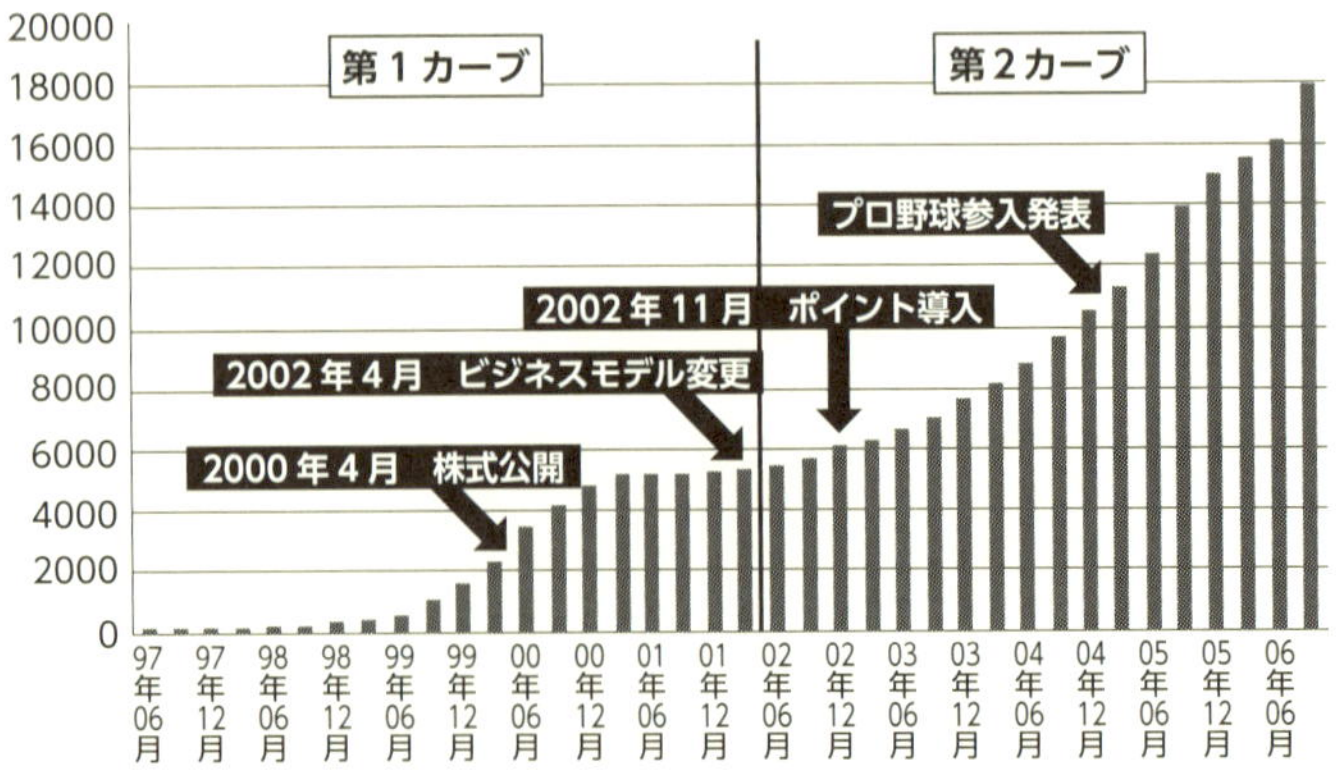

な部分を効率化していかないとダメなので、そういう意味で両方の要素があるよね、と。

言われてみれば、もっともな考えです。

ちなみに、この分類図の補足説明をすると、右の道と左の道は「相反するもの」ではありません。そこで、図を改訂して三角形にしたものが下の「Eコマースプレイヤーの成長法則」です。

右の道も左の道も、極めれば極めるほど互いに似ていくイメージです。

究極の自動販売機というのは、人は介在していなくても、その自動販売機がおすすめしてくるのが、「なんて私にぴったりなんだろう!」というモノだったりする。もし将来、「人間の心を持ったロボット」が生まれた暁には、この頂点の左寄りです。

Eコマースプレイヤーの成長法則

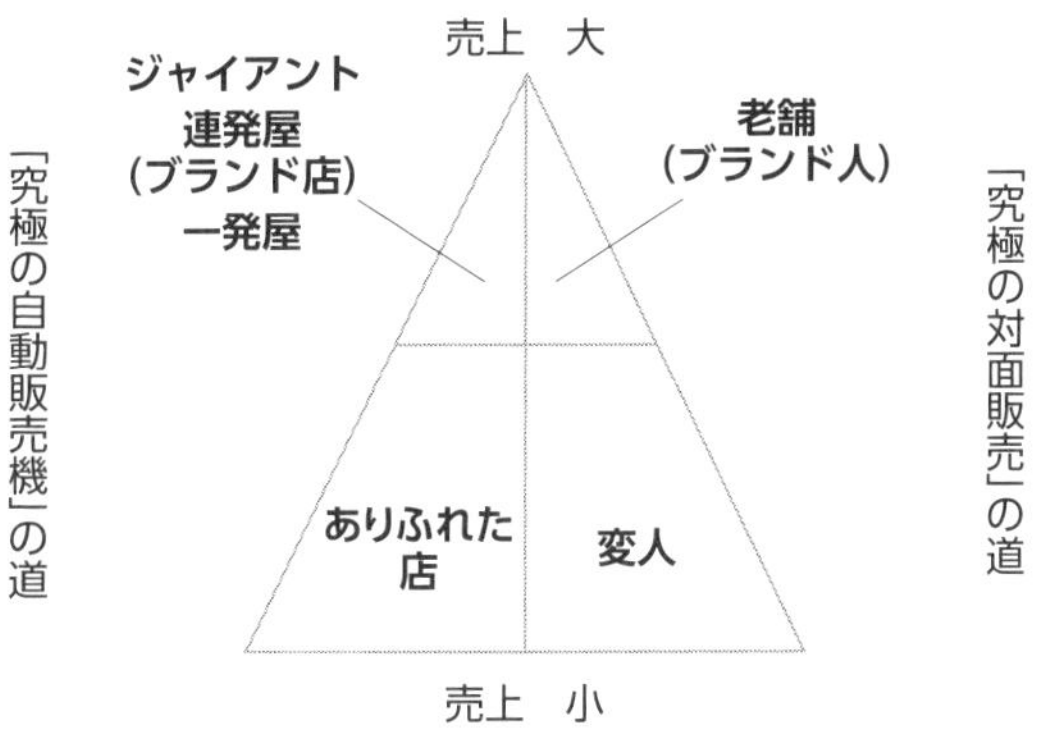

究極の対面販売の頂点というのは、人と人とのコミュニケーションがＩＴを駆使して最大限に活性化されている状態でしょうか。アナログコミュニケーションをするために、コンピュータや機械にできる作業はすべて自動化されている、そんなイメージです。

こうして両者は似たようなものになるのではないかということで、三角形にしてみました。

この三角形を山に見立てて、登り方（ルート）について考えてみましょう。

下から上に進んでいくわけですが……右側エリアの登山口からスタートした人はずっと右側エリアを一直線に登り、左からスタートした人は左側を登るイメージを持つ人が多いかもしれません。そういうケースもあると思いますが、実際のところは、富士登山道のように左右両方に振り子のように振れながら、くねくね曲がりながら登っていく人のほうが多いのではないかと思っています。

右からスタートして、あまりにも自分の好きなモノだけを売っていたらまったく売れないので、「みんながやっているのを真似してみよう」と左に寄ってみる。売れてきたらまた自分のやりたい右側エリアに向かう……そんなふうに成長していくイメージです。

または、三角形を「円錐」と見て、らせんの道のりをまっすぐに進んでいく、というダイナミックなパターンもあり得ます。どんなルートを選ぶかは、自分次第です。道がなければ、切り開けばよいだけなのですから。

では、これら「一発くんと老舗くん」の比較の視点を踏まえつつ、「究極の対面販売」の道を歩むお店の実践事例を見にいきましょう！

第2章

消耗戦を抜け出せたお店の実践事例12選

CASE 1

一目見たら欲しくなって買ってしまう人が続出の「キケンなハンコ屋」がSNSでシェアされる理由とは？

いきなりですが、お題です。

【問】あなたは、シヤチハタに代表される「朱肉のいらない浸透印タイプ」の「認印」を扱う店長です。ただ売っているだけでは価格競争が厳しいので、「すでに認印は持ってるから、もう要らない」というお客さんに買ってもらえるようなアイデアを考えることにしました。さて、どうしましょう？

（考えタイム）

ちっ

ちっ

ちっ

ぽーん！

このお題には正解があるわけではありませんので、「回答例」としての実践事例をご紹介します。まずは前置きがありまして。

ある日、私がフェイスブックを眺めていたら、友達が「このお店を知って数日、日に日にここでハンコを買いたくなっている自分がいる……」という投稿をしていました。

張られていたリンクをクリックしてみると、こんなページが出てきました。
なんと、店舗名が「邪悪なハンコ屋 しにものぐるい」

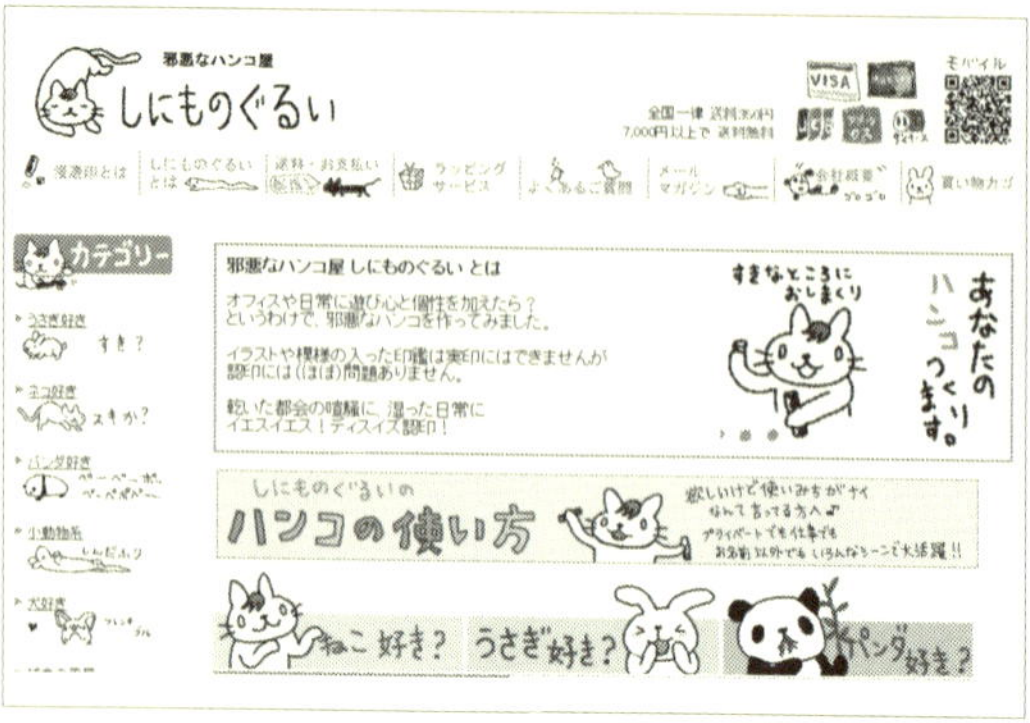

ページ上部にはお店の紹介として、次のように書いてあります。

「邪悪なハンコ屋 しにものぐるい とは
オフィスや日常に遊び心と個性を加えたら？
というわけで、邪悪なハンコを作ってみました。
イラストや模様の入った印鑑は実印にはできませんが、認印には（ほぼ）問題ありません。乾いた都会の喧騒に、湿った日常に、イエスイエス！ディスイズ認印！」

ページをスクロールしていくと、こんなハンコが現れました（103ページ）。

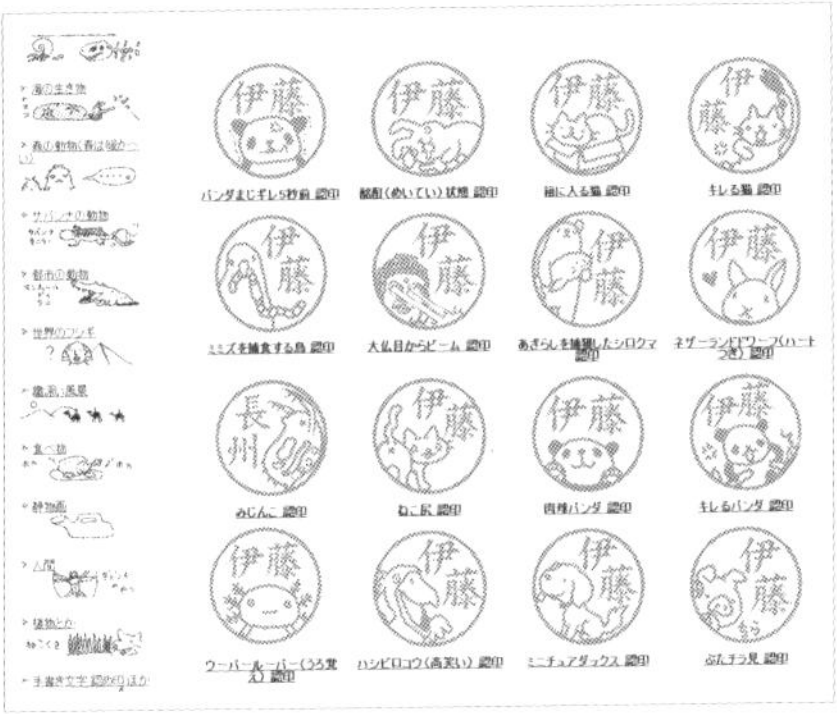

しかも、ページ左側のカテゴリーを見ると、「うさぎ好き」「ネコ好き」「パンダ好き」というあたりはわかりますが、「キレる」とか「チラ見」というナゾのジャンルが混じっています。

さらには、「捕食の風景」なるジャンルがあり、クリックしてみると、「動物が動物をつかまえて食べるシーン」のイラストが1つのジャンルとして成立するほど種類が揃っています。

「なんじゃこりゃー！」と思った私は、すかさずフェイスブックで「おもしろーい！」と書いてリンクをシェアしたところ、いつもの投稿よりもはるかに多くのコメントがつきました。

その内容は、「なにこれ、欲しい！」「私も欲しい」「これは欲しい」と続いたあとに、「コレを買いました！」という報告が。ご丁寧に、自分が買ったハンコの商品ページのリンクまで張ってあります。そのあとも続々と「欲しい」と「買いました！」のコメントが繰り返されました。

その数日後。いつものように何気なくフェイスブックを眺めていると、ある友達が「ハンコが届いた！」といって、紙に「しにものぐるい」のハンコを押した写真をアップしていました。その日、ほかにも３人ほどが同じように「届いた！」とハンコ写真をアップしました。しかも、そんな日が数日続きました。

そして、ハンコ写真をアップした人の友達が、「なにこれ、欲しい！」というコメントをつけていく、というクチコミの連鎖が見られたのでした。

この事例を通して、私が大切だと思うのは次の３つです。

(1)「新しいアイデア」とは「既存のものと既存のものの新しい組み合わせ」

アイデアパーソンのバイブルである『アイデアのつくり方』（ジェームスＷ・ヤング）のなかに書かれているように、「アイデアとは既存の要素の新しい組み合わせ」ということはよく知られています。創作料理をつくるときに、新種の野菜から開発する人はいません。既存の材料や既存の料理法を「新しい組み合わせ」にしてつくられるわけです。

ただ、ビジネスの現場では、目にするアイデアが【新しい組み合わせ】ではなく、「既存の成功事例」と「既存の要素」の【既存の組み合わせ】に過ぎない、ということが往々にしてあります。つまり、「うまくいっている事例（売れているモノ）をコピーして少々アレンジを加えただけのもの」のように思えます。「新しい組み合わせ」は、知ってはいてもなかなか実践が難しいようです。だから多くの人は、価格競争やサービス競争に巻き込まれてしまいます。

この点、「しにものぐるい」のハンコは、「認印」という既存要素と「ゆるキャラのイラスト」という既存要素から成っています。それが「新しい組み合わせ」だからこそ、「なにこれ欲しい！」と思われるわけです。

（2）「シェアの公式」は「シェア＝期待値超え×共感×話の合う聞き手」

「しにものぐるい」のハンコは、前述のようにどんどんシェアされていきました。ただ、そのさまを見て、「よし、ウチもシェアされるようにがんばろう」と思っても、どうがんばってよいのかイマイチよくわからない、という人は少なくないようです。

そこで、シェアが発生するときの要素を因数分解してみたのが、この公式です。

「シェア＝期待値超え×共感×話の合う聞き手」

掛け算になっているのは、どれか1つでも要素が欠けるとシェアは発生しないことを表しています。

ソーシャル時代は「共感」がキーワードとされますが、共感だけでは「いいね！」を押してもらえたりコメントしてもらえるくらいで、シェアまではされません。

まず必要になるのは「期待値超え」、すなわち、「期待を現実が大きく上回ること（＝感動）」です。この期待と現実のギャップが大きいほど、感動も大きくなり、シェアしたくなる原動力につながります。

「期待値超え」の次に必要なのが「共感」です。単に「期待値超え」だけでは「へー、すごいね」で終わりになります。共感によってその感動が「自分ごと化」して、「誰かに伝えたい」という気持ちが生まれます。

最後に必要なのが「話の合う聞き手」です。いくら「期待値超え」と「共感」が揃っていても、話を聞いてくれる相手がいなければシェアのしようがありません。ソーシャルメディア時代の1つの特徴は、「話の合う人同士がつながり合っていること（興味関心に基づくコミュニティの存在）」によって、「話の合う聞き手」の要素が充足されていることにあります。

この3つの要素を意識的に満たそうとすることで、シェアが発生する可能性を能動的に高めることができるでしょう。

「しにものぐるい」にあてはめるなら、ハンコそのものの目新しさだけでなく、お店の世界観によっても「なんじゃこりゃー!」という期待値超えがあり、「欲しい!」と共感した人が、話の合う友達とつながっているSNSでシェアをしている、ということになります。

(3) 自店舗内で比較モードを完結してもらえる品揃え

第1章で既出の「購買心理のステップ」の「欲求モード」と「比較モード」の2ステップで考えてみましょう（40ページ参照）。

「しにものぐるい」でハンコを買った人の行動パターンを見ていると、ページを見て「欲しい！（欲求モード）」と思ったあとは、「買うか買わないか」という比較をすっ飛ばして「どれを買うか」という比較モードに入り、そのまま気に入ったものを買ってしまった人が多いようです。

ここで重要なのは、「自店舗内で比較モードを完結してもらえるだけの品揃え」です。「しにものぐるい」は、ハンコの目新しさで「欲求モード」にスイッチを入れ、ラインアップを見比べたくなってしまったお客さんが実際に店舗内を何ページも見回ります。しかも、がんばれば全部見られそうなボリュームなので、「全部見た」という人も多いようです。こうして、「適度にコストを使った、心地よい疲労感」を味わえることによって、「十分比較した上で、これにしよう！」と納得感を持って購買決定できるのが大きなポイントになっています。

もし商品数が少ないと、十分に比較ができないので、「ほかにもこういうハンコを売っているお店がないか探してみよう」とお店を出て行かれてしまう可能性が大きくなるわけです。

「品揃えが豊富だと売り上げが伸びる理由」は、「欲しいモノが見つかるから」だけではなく、「自店舗内で比較モードを完結してもらえるから」なのです。

CASE 2

なぜソーシャル時代のバレンタインで「ところてん」が売れるのか？

いきなりお題です。

【問】あなたは「ところてん」メーカーのネットショップ店長だとします。あるとき、ちまたでバレンタイン商戦が盛り上がっているのを見て、なんとかそこに参入したいと思いました。さて、どうしましょう？

（考えタイム）

ちっ

ちっ

ちっ

ぼーん！

このお題には、もちろん「正解」があるわけではありませんが、「回答例」としての実践事例をご紹介します。

「ところてんの伊豆河童」の栗原康浩《くりはらやすひろ》店長の回答はこちら。

「チョコろてん」です！

バレンタインを前にした2012年1月のある日、私がフェイスブックを眺めていたら、店長の栗原康浩さんが「こんなの始めました」と紹介していたのが「チョコろてん」でした。「これ、おもしろーい！」とすぐにシェアしたところ、たくさんの「いいね！」とコメントがつきました。

私と同じようにいろいろな人が面白がってシェアをしたことで露出が高まり、それを見かけた楽天市場公式フェイスブックページの「なかのひと」（担当者）も共感したようで、当時22万人ほどのファンがいたフェイスブックで「チョコろてん」を紹介する、という形でこのアイデアが広がっていきました。

コメント欄を見ると、「これ気になります！！！！！」「どんなのか食べてみたい」「うわぁ、発想がすごい（^^）」「ナイスなネーミング！」など、好感触なものが並んでいます。

1月半ばに栗原さんにお会いしたとき、「2000個くらい売れたらいいなと思っていたんだけど、もう4000個超えちゃった」とうれしそうに教えてくれました。

実は最初、周囲にチョコろてんのアイデアを話したときは反応が薄かったそうです。「でも、試作してみたら意外とおいしくできたから、やっちゃえと（笑）」

この事例はネーミングの勝利とも見えますが、私が大切だと思うのは次の3つです。

(1) 売れているモノを売るのではなく、「こんなのどう？」と接客する

ちょっとしたマーケティング調査をしても「チョコろてん」の需要は出てこないと思います。また、単に受け身な商売人であれば、「近頃はところてんが売れない」と嘆くだ

けで、およそ「バレンタインにところてんを売りたい」という発想は浮かんでこないはず。

ちなみに、「チョコろてん」が生まれる以前はバレンタイン用の商品として「ところてんとチョコのセット」を作っていましたが、あまり手応えはなかったといいます。ソーシャル時代は、「好き」のこもった深く濃いコンテンツや、丁寧につくり込まれた商品を「こんなの面白くない？」と接客することで価値を伝達していくスタンスが共感や感動を呼び、広がっていきます。

なお、栗原さんは楽天店が成長軌道に乗って、シーズンである夏場は製造キャパシティいっぱいの注文が入るまでになりました。その後、自動販売機的なコンセプトのＥＣモールにも多店舗展開をしたものの、「買うものが決まっていて検索買いするお客さんには、ところてんって全然売れないんだよね。見つけてもらえないと接客のしようがないので手が打てなくて」とつぶやいていました。

⑵ アイデアは実行してナンボ

おそらく、「チョコろてん」というアイデア（ダジャレ？）を思いつく人は少なからずいると思いますが、実際にやってみる人は多くありません。たとえば、大企業のビジネスパーソンが「チョコろてんでバレンタイン商戦に参入」と企画書をつくっても、上司に「遊んでないで仕事しろ」と言われて終わり、となりがちです。それに対して、「中小企業の経営者×ネットショップ」という組み合わせのよいところは、「面白いかも！」と思ったらすぐにやってみる、ということがやりやすいところです。売れなかったら、ページを引っ込めればよいだけだからです。フットワーク軽く、試行錯誤や量稽古を人一倍やっている人が、老舗には多いのです。

「企画」とは、立案だけのことではなく、「実行」とのセットです。立案者と企画者が分かれていると、「実行者は全然言ったことができてない」「立案者は好き勝手言うだけだからいいよな」という構図になってしまうことが往々にしてあります。その点、企業規模が小さくて、立案者と実行者が分かれていないのは強みになります。「よし、面白いからやろう！」と自分で決めて自分で実行するので、立案時の「熱」がそのまま伝わるカタチで実行に移されやすいのです。

(3) 高いところてんなのに「安い！」と言われる理由

チョコろてんのページを講演で紹介すると、ページの下部に出てくる400円という価格を見たときに「安い！」と言う人が多くいます。それを栗原さんに伝えたら、「ところてん屋からすると、ところてんで400円って高いんだけどね」と笑っていました。

なぜこんなことが起こるのでしょうか？

それは、比較対象が「バレンタインのチョコ」になったからです。「近所のスーパーで義理チョコを買っても500円はかかる」という相場感で見られるので、「安い！」となるわけです。

自社の商品が「何と比べられているのか」「何と比べてもらいたいか」という視点は、意外と見落とされがちかもしれません。重要なのは、**「何と比べてもらいたいか」は接客のしかた次第で変えられる**、と知っておくことです。「買いたいモノが決まっているお客さん」を想定している自動販売機的なスタンスでは出てきにくい発想かもしれませんが、「究極の対面販売」のスタンスでは自然なことといえます。

たとえば、送料が600円かかるときの対応をどうするか。自動販売機スタイルでは、「送料を下げられるようスケールメリットを出す」のようになります。一方、ある老舗ネットショップの備考欄には、「電車で片道300円のお店まで買いに行くことを考えると、時間と労力が節約できます」のようなコメントが書き添えられています。

CASE 3

スーパーより2倍高いタマゴがネットで超絶な売れ方をする理由

いきなりクイズです。

【問】ネットショップを15年ほどやっているタマゴ屋さんがあります。農場で採れた卵を取り扱っていますが、このお店でいま売れ筋の卵パックは「何個入り」でしょうか？

ヤマカン歓迎です！

（考えタイム）

ちっ

ちっ

ちっ

ぽーん！

正解は「卵１６０個入り」です！

１９９８年から楽天市場に出店している「筑前飯塚宿　たまご処　卵《らん》の庄《しょう》」というお店の事例です。

ページを見ると、「普段使い卵20個、40個、80個、１６０個」というラインアップが並んでいます。

20個入り８００円なので、１個40円の卵です。スーパーにいけば高めに見積もって10個パック２００円としても、２倍の値段です。ちなみに、１６０個入りだと１個あたり30円くらいになりますが、それでも１・５倍。決して「安いから売れている」という理由ではないことがわかります。業者さんが注文しているからでもないそうです。

では、なぜ１６０個入りの卵が売れるのでしょうか。

ページをよく見ると、卵のとなりに「小分け用モールドパック８パック」なるものが売られています。そう、「おすそ分け」用です。業者さんでもない一般のお客さんが卵を１６０個買っても消費しきれないので、おすそ分けするのです。

とはいっても、いきなり160個入りが売れ筋になったわけではありません。オープン当初は、20個、40個、80個入りでスタートしました。実店舗では160個入りを取り扱っていましたが、ネットショップにはアップしませんでした。店長の畠中五恵子《はたなかさえこ》さんは、お客さん像として「都心の一家4人の核家族」をイメージしていたからです。実際、売れ筋は20個と40個で、80個入りもほとんど売れませんでした。

あるとき（1998年）、楽天市場の担当者から「オークション機能ができたので、使ってみませんか」という連絡がきます。畠中さんは「定番商品として扱っている卵をオークションに出すと、それより安く落札される（値崩れする）のでイヤだ」と直感的に思いましたが、「まぁ、せっかくだし、乗ってあげよう」と考え直します。そして、「お祭りのノリで、80個パックとか出品しちゃおう。ふだん40個を買ってくれているお客さんが、いつもの値段くらいで80個買えちゃった、みたいな感じで盛り上がってもらえたらそれでいい」と考えて、実際に「卵80個入りオークション」を開催しました。

すると、意外にも「80個なりの値段」で落札してくれるお客さんが何人もいました。80個を落札した人は、自然と「おすそ分け」をし始めます。畠中さんのところへ「小分け用のパックはありませんか？」という問い合わせも届くようになりました。そのうち、まったく売れていなかった80個入りの定番商品が、2つ、3つと売れるようになっていきます。

畠中さんの卵は、素人が食べても「これはおいしい」と違いがわかるくらいの品質なので、おそらく、おすそ分けした人が先方から「また欲しいので買ってもらえないか」と頼まれるようになるのでしょう。いつしか、その人が「みんなの注文を取りまとめて代表で買う人」という位置づけになっていき……というような展開で、80個入りを買っても配り切れる「卵おすそ分けコミュニティ」ができあがっていくわけです。

その結果、「次のオークションまで待てないから」と80個入りの定番商品が売れるようになるのです。その80個コミュニティがさらに広がりをみせていき、ついには「160個クラスのおすそ分け力(!?)を持つコミュニティ」が全国のいろんなところにできていった、というのが「卵160個が売れ筋になる理由」です。

レビューを見ると、次のように、おすそ分けコミュニティの存在がうかがえるものが散見されます。

「近所におすそ分け！」

「こちらの卵は本当に美味しいです。複数で分けているのですが、美味しいのですぐ無くなっちゃうらしく、今度はいつ頼むの?と催促されます」

「とにかく美味しい。最初は自分ちだけで食べるのに80個ずつ買ってたのが、いつの間にか職場のみんなでまとめ買い」

「『うちの子スーパーの卵臭いって言うねん』『卵御飯に半熟卵、温泉卵にしたら最高～』って友達の輪っていうか、卵の輪が広がっています」

ちなみに、実店舗で160個入りを買うお客さんは、「陣中見舞い」や「業務用」が目立つといいます。畠中さんは、こう言います。「実店舗の場合、小ロットを何度か買いに来たほうが、鮮度が良いわけです。ネットの場合はどうしても送料がネックですから、一度になるべくたくさん買ったほうがいいですもんね」

なお、160個入りを買うお客さんは、「お店や商品のファン」なので、レビューも高得点です。

この事例で、私が大切だと思うのは次の3つです。

(1)「常連さんに楽しんでもらおう」という発想

「新規利用のときだけ大幅値引き」とか「赤字のお試し商品」のような施策を取って売上を立てながら、「ネットは価格競争が厳しくてしんどい」とか「ネットは広告費がかかってしんどい」と嘆いている人がいます。でも、お客さんの立場でちょっと考えてみると、新規の人にサービスをして、リピーターにはサービスしない、という「常連さんに厳しいお店」と長くつき合いたいとは思いにくいはずです。お客さんを「数字」としてしか見ていないと、そのようなことに気づきにくくなってしまいがちです。

「究極の対面販売」型のネットショップは、お客さんを「人」だとわかっています。さらにそのお客さんに喜んでもらいたい、面白がってもらいたい、という気持ちを常に持っているので、「自動販売機ではできない企画」を思いつくわけです。

プレゼント企画にしても、一般的なショップは「応募者の個人情報をゲットするために開催するもの」と思っています。畠中さんは違います。メルマガを「自分の想いや価値観を伝えるツール」として重要視していて、メルマガを読んでくれる人というのをすごく大事に考えていたので、「メルマガ完読者プレゼント」という企画をやっていました。

メルマガの一番下に「今回も全部読んでくれてありがとうございます」とあって、「○

○というキーワードを書いてメールを返信してくれた方のなかから、50番目の人にプレゼントを差し上げます」という企画です。こうしてお客さんにメッセージを受け取ってもらいつつ、このメルマガを最後まで読むとお楽しみがあるという状況をつくりながら、お客さんとの関係を深めてきたのです。

(2) 1人で使い切れない量のセット商品はシェアされる

「ソーシャルマーケティングはクチコミを発生させることが大事」というハナシを聞いて、まず先に「紹介者への報酬制度」のようなものをやろうとする人がいます。ただし、それがうまくいくためには大前提として、「クチコミされた側が喜ぶような価値」を提供できていることが必要不可欠。しかも、「人となり」が醸し出されやすい(バレやすい)ソーシャル時代においては、金銭的報酬で動く人というのは他人からあまり言うことを聞いてもらえなくなりがちです。

したがって、報酬制度うんぬんより先に、「クチコミしたくなる価値をどうデザインするか」と「クチコミされやすくするためには何ができるか」を考えるほうが、中長期的には効果的です。

その「クチコミされやすくするアイデア」の1つが、今回の卵のように「1人で使い切れない量のセット商品をつくること」です。

ただ、知らない商品についていきなり大量セットを買う人はいないので、「すでに商品の価値をわかってくれている人（ファン）がいること」が前提になります。そうすると、「こんな商品があって私買おうと思ってるんだけど、誰か一緒に買う人いませんか？」という呼びかけが起こり始めます。

また、畠中さんのコメントにもあるように、ネットの場合は「送料がかかってしまう弱点」をチャンスに変える1つのアイデアが「大量ロット」です。ちなみに、「〇〇円以上送料無料」「〇ケース以上送料無料」といった高額購入割引のサービスも、設定の工夫次第で同様の効果があります。

(3) やり続けるうちに、予想もしない面白い展開が起こる

オークションのような企画は、手間がかかります。しかも、「卵80個オークション」は目先の売り上げにも利益にもつながらないであろう企画としてスタートしています。宣伝や販促の施策を考えるときに「これをやるとどれだけ売り上げ（または利益）が伸び

るか」ということを考えるのは、ビジネスとしては当然です。

ただ、ソーシャルメディアによって複雑につながりあっている現代においては、「論理的に想定できる因果関係」とはまったく異なる「予想もしない面白い展開」が起こることがよくあります。

卵の例は「ご近所」というリアルなつながりによるものですが、リアルのつながりですら想定外の展開が起こったのに、いわんやネットをや、というわけです。

したがって、老舗スタイルでは、「手間はかかるが、自分が価値があると思えるし、やっていて楽しいこと」を大事にします。短期的に効率が悪そうに見えても、やり続けることで量が質に転化して、まるでワープしたかのような展開が起こり得る、ということが見えているのです。

CASE 4 なぜ1本498円の缶ビール500本が1分19秒で即完売したのか？

いきなり3択クイズです。

【問】軽井沢に、ある地ビールメーカーがあります。この会社が、ネットショップのお客さんを対象に実施した、いわゆる「O2O」の内容は次のうちどれでしょう？
（O2Oとは、「オンライン to オフライン」の略で、ネットのお客さんをリアルに呼び込むアクションのこと）

（1）全国からお客さんを呼んでミーティング
（2）スマホアプリを活用した工場見学ツアー
（3）ただの割引ではないクーポンによる来店促進

（考えタイム）

ちっ

ちっ

ちっ

ぼーん！

正解は、（1）「全国からお客さんを呼んでミーティング」でした！

1997年から楽天市場に出店している「よなよなの里 エールビール醸造所」というお店があります。

ある夏の土曜の昼下がり、東京・恵比寿のアイリッシュパブに40人が集まっていました。始まったのは、「よなよなリアルエール缶　新製品発表会」

新製品発表会に招待されたのは「よなよなVIP」と呼ばれるお客さんたち。ネットショップで地ビールを「定期購入」しているお客さんと、過去にイベント参加歴のあるお客さんだけに案内をして、集まった40人です。メールで「新製品発表会やります」と告知したところ、たったの1時間で40人の定員が埋まったといいます。参加者のなかには、なんとこのイベントのためだけに大阪から飛行機で上京したご夫婦や、岩手から参加のグループがいました。

平たく言えば、ネットショップ主催の「オフ会」なわけですが、このオフ会、ちょっと内容が普通と違っていました。

店長であり社長の井手《いで》直行《なおゆき》さんが開会を宣言したあと、いきなり話し始めたのが、「よなよなエールのミッション」

日本のビールはどれも似ていて区別がつかない。それではつまらない。そこで僕らは「ビールに味を！　人生に幸せを！」のミッションのもとに、日本に新たなビール文化をつくり出し、お客さんに喜んでもらい、そしてちょっぴり幸せになってもらいたいんです、と。

ちなみに、井手さんの名刺の肩書きには「よなよなエール〝愛の伝道師〟」と書かれています。「よなよなエール」という名前は、「夜な夜な楽しみながら個性豊かなエールビールを飲んでもらいたい」という想いを込めたネーミングだという由来も紹介されました。

そのあと、ようやく今回の新製品「よなよなリアルエール缶」の概要が説明されます。それまでパブでしか飲めなかった無ろ過・非加熱のリアルエールを「缶」にすることに成功したという製品です。ただ、このビール、440ミリリットルで1本498円という、缶ビールとしてはかなりのお値段。一般的な缶ビールと比べると2倍ほどの価格です。（のちに、330ミリリットル、375円にリニューアルされています。）

カンタンな製品紹介が終わったところで、井手さんがこう言います。

「実は今回の開発は一筋縄ではいかなくて、構想から7年、途中で空中分解の危機を乗り越えて完成したものです。その過程をお伝えしたくて、初めてムービーにチャレンジしてみました」

そして、数分のショートムービーが流されました。グッとくる系です（商品ページにアップされています）。

http://item.rakuten.co.jp/yonayona/c/0000000240/

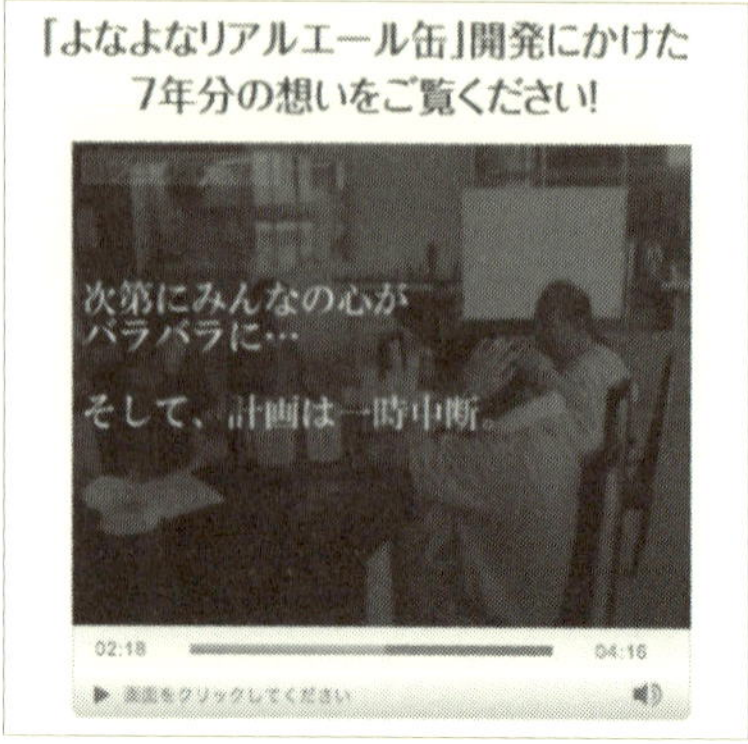

ムービー明け、井手さんは、やや目をうるませながら製品の詳細を語り始めます。数枚目のスライドで、

「賞味期限：製造から3週間」

という文字が表示されたとき、会場から「おぉ～！」という大きなどよめきとともに拍手が起きました。「生きてる！」とつぶやく人もいました。それを聞いた井手さんは、うれしそう、かつ驚いた表情で言いました。

「うわぁ、うれしいです！　実はきのう、プレス向けにも同じ話をしたんですけど、『賞味期限は3週間です』ってちょっとドヤ顔したら、シーンとしてたんです。やっぱり今日集まってくださったみなさんは違う！」

どういうことかというと、缶ビールで賞味期限が3週間というのは、おそろしく短いわけです。言い換えると、無ろ過・非加熱の「生きているビール」を楽しめるというのが「リアルエール」の価値だということを、ファンのお客さんは理解してくれているということです。

価値を生み出すメーカーにとって、商品価値をわかってくれるお客さんに恵まれるということは、最上の喜びではないでしょうか。そのあと、試飲と懇談が行われた会場は、幸せな空気で満たされていました。

この「新製品発表会」の1カ月後に、ネットショップでの販売が始まりました。1本498円と値段も安くないし、保存もきかないため、最初のロットとしてどのくらい作ればよいのか悩んだ末、初回500本で販売開始をしたところ、なんと1分19秒で即完売。買えなかったお客さんたちから、たいそうがっかりした旨のメールがたくさん届いたといいます。

その後も、発売後数分で売り切れる状況がしばらく続いたため、設備を増強して週に3000本も売れるような人気商品になっています。

この事例で、私が大切だと思うのは次の3つです。

(1) お客さんとミッションを共有すると仲間になる

ネットショップには「究極の自動販売機」型と「究極の対面販売」型という2つの方向性がある、という前提で考えてきているわけですが、第1章で触れたように、両者では「お客さん」の位置づけも違ってきます。

自動販売機スタンスの人の一部には、お客さんを「ターゲット（標的）」と呼んだり、「客」と呼び捨てにする人がいます。これに対して、対面販売スタンスの人は、ターゲットや客という表現には違和感を持つ人が多いようです。さらに、「究極」の対面販売型になると、もはや「お客様」「お客さん」という表現すら不要になっていきます。ミッションや想いを共有できてしまったお客さんというのは、「志をともにする仲間」にほかならないからです。

「よなよなリアルエール」のケースをビジネスの視点で見ても、このような仲間（常連さん）が多く存在することによって、「毎週製造・毎週販売開始 → 常連さんが一気に購入 → 楽天市場ランキング入り（露出増）→ 新規のお客さんが興味を持つ」という好循環ができているといえます。

（2）究極のO2Oは「会いに行きたい人がいる」こと

ネットからリアルへお客さんを誘導することを「O2O（オンライン to オフライン）」と呼ぶことがありますが、この位置づけも2つのスタンスで違いが出ます。自動販売機型では、「ネットの顧客に割引クーポン等のインセンティブを与えてリアル店舗へ誘導する手法」という感じでしょうか。

先日、ある老舗ネットショップの店長さんが、「『O2O』とか『リアルとネットの融合』とか、そんなカッコいいもんじゃないんだけど」と笑いながら、「お客さんと仲良くなっていくうちに『リアル店舗に行きたいんですけど』と言われるようになっただけなんだよね」と話してくれました。

私たちはこれを**「ネットとリアルの混同」**と呼ぶことにしています。お客さんとお付き合いするなかでネットとリアルが混じってきただけ、というニュアンスです。リアルとネットのさまざまなツールを使って顧客と「統合」的なコミュニケーションをすることは、「オムニチャネル戦略」などと呼ばれることもありますが、老舗スタイルはあくまで「お客さんと仲良くなることありき」なのです。

このように、「究極の対面販売」型のO2Oでは、インセンティブは「割引クーポン」のような経済的メリットではなく、「会いに行きたい人がいる」という精神的メリットになります。その対象は、お店の人以外でもよくて、そこに行くと「会いたいお客さん仲間がいる」というのもアリです。

(3) ビールを売るのではなく、新たなビール文化をつくる

「ミッションを共有する」と(1)で書きましたが、このミッションの内容が「売り上げや利益を伸ばす」だと社外に仲間をつくることはできません。「究極の対面販売」には、一緒に仲間に加わりたくなるような魅力的なミッションが必要不可欠になります。「そんなこと言われても、ミッションなんて思いつかない」という人もいると思います。そんなときは、「よなよなエール」の「ビールに味を! 人生に幸せを!」というミッションが参考になります。ミッションのメインメッセージを抽象化すると「エールビール文化をつくる」です。すなわち、「○○文化をつくる」の○○のところに自分の仕事や商品を入れてみるのです。たとえば、この本のミッションなら、「究極の対面販売型Eコマース

文化をつくる」。おぉ、いい感じではないでしょうか。結構しっくりきます。

ちなみに、井手さんの会社では、3年前に求人広告を打っても全然応募がありませんでした。ところが、ここ2年で求人広告の営業マンが「この枠なら50人きたら上出来」という広告で、なんと1000人の応募がくるようになりました。以前はありきたりの内容だったのを、大幅に変えたのだといいます。いったいどんなふうに変えたのかというと、こうだそうです。

> 【ビール文化を変える知的な変わり者募集】
> 世の中、個性伸ばしますなんて言ってるけど、実際は出る杭打たれたりしますが、ウチは出る杭めちゃめちゃ伸ばします。それで楽しくやっています。

知的な変わり者。まさに第1章で述べた「変人」の道を進んで「老舗」となっているのが見て取れます。

CASE 5
なぜスーパーで買えるソフトドリンクが、価格競争せずにネットで月商7000万円売れるのか？

恒例となってまいりましたが、まずお題です。

【問】あなたは、自動販売機やコンビニ・スーパーで売られている、いわゆるソフトドリンクのお店（ネットショップ）の店長です。ただ商品を並べているだけだとつまらないので、お客さんに面白がってもらえるエイプリルフール企画をやろうと思いました。さて、どうしましょう？

（考えタイム）

ちっ

ちっ

ちっ

ぽーん！

このお題には正解があるわけではありませんので、「回答例」としての実践事例をご紹介します。

お題文に「いわゆるソフトドリンクのお店」と書きましたが、今回紹介するのは、本当に「いわゆるソフトドリンクのお店」という名前のお店です。

店長（社長）の中《なか》江《え》稔浩《としひろ》さんの回答はこちら。
「パロディー商品の商品ページをつくる」でした！

２００２年から始まったこのパロディー企画、毎年恒例のものとなっています。２０１４年のパロディー商品は全部で19種類あって、私が一番ツボだったのは「ビタミンレモン」が「バッタモンレモン」になっているもの。そう、私はすっかりこの企画のファンなのです。同じような人がたくさんいて、「毎年エイプリルフールになるとこのお店を思い出す」「笑わせてくれると同時にお得な企画も実施していて何かしら買ってしまう」などと好評を博しています。

なお、過去の名作（迷作？）としては、「伊右衛門」のパロディーで「伊茶門（いちゃもん）」、エビのマークが描かれたミネラルウォーター「Eviyan（エビやん）」、めちゃくちゃ高価なミネラルウォーター「Vottel（ボッテル）」などなど。そういえば、「ウコン茶」のパロディもありま

した……そう、いま頭に浮かんだやつでたぶん合っていると思います（笑）。

●コンビニで売っているモノを、わざわざ自店舗で買ってもらうには？

この企画が面白いとはいうものの、最近はエイプリルフール企画に手間と情熱をかけるサイトが増えてきているので、「別に目新しい事例ではない」と思う方も少なくないことでしょう。

紹介したいポイントは、エイプリルフール企画そのものではありません。「自動販売機やコンビニで売っているモノを、わざわざ自店舗で買ってもらう理由をつくるには？」という視点で「いわゆるソフトドリンクのお店」がこれまでどんなことをやってきたか、です。

そもそも「いわゆるソフトドリンクのお店」の中江さんが楽天市場に出店したのは１９９９年７月。当時、まわりからは「どこでも買える商品をネットで売るなんて」という批判的な声が多かったそうです。中江さん自身、「ネットで地元の特徴的な商品を販売しようとするお店が多いなかで『ソフトドリンクを売ります』と言うのがとても恥ずかしかった」といいます。

では、どうしたか。

初期の頃からやっていたのは、飲料メーカーから提供される非売品のノベルティをプレゼントやオークションに出すこと。これでまずはお店の存在を知ってもらうことを考え、実際にアクセス人数が増えていきました。

2001年には、オフィスにライブカメラを設置して24時間中継(更新は2分おき)をする「いわゆるTV」を実施。まだ「ネットショップで買い物をする不安」が大きかった時代に、「顔の見えるお店づくり」に取り組みます。2001年というと、今のように動画も普及しておらず、こんなことをやっているネットショップなどほぼ皆無だった時代です。常連さんは面白がってちょくちょくページを見に来てくれたそうです。

これが面白企画にも発展していきます。たとえば、メルマガで「まちがい探しクイズ」や「ビンゴ大会」を開催してライブカメラで当選発表をするとか、商品ページ上にキーワードを隠した「宝探しゲーム」のヒントをライブカメラで伝える、などのイベントを開催、お客さんと盛り上がりました。

さらに、2002年には既出のエイプリルフール企画を開催。そのために中江さんは1カ月以上前からアイデアを練っていたそうです。今でも、スタッフ全員で1カ月前からアイデア出しをしています。

お客さんとのコミュニケーションも一方通行ではなく、「エイプリルフールパロディープロジェクトX（ペケ）」と題してネタを募集したり、3月末に決勝進出ネタを決める投票イベントをやったりして交流を深めているといいます。

それらの取り組みが実り、だんだんアクセス人数が増えていくなかで、「買ってもらいやすくするための商品企画」や「自動販売機では売っていない商品企画」の取り組みも進んでいきます。ここでは代表例を3つ紹介してみましょう。

●「独自の価値」のつくり方、3つの事例

1つめは、「ミネラルウォーターのお試しセット」。

http://item.rakuten.co.jp/nakae/420618019set/

通常、1銘柄につきペットボトル24本で1ケースとして販売しているものをバラして、「6銘柄×4本」のような独自セットをつくり、「お好みのミネラルウォーターを見つけてください」と提案していきました。

代表例その2は、「黒烏龍茶」

2006年に新発売された「トクホ(特定保健用食品)」の黒烏龍茶がまだ世の中に認知されていなかった頃から、黒烏龍茶を中心にした「健康特集」に注力しました。たとえば、「父の日ギフト」として「お父さんのストレスタイプ別コンテンツ」「健康診断で数値が気になる項目別コンテンツ」などをつくったり、食欲の秋に「ダイエット特集」、年末年始に「忘年会特集」をやるなどして、「父親や夫の健康を考えるなら黒烏龍茶」というイメージを定着させていきました。

その結果、黒烏龍茶は月に1000ケース以上売れる、お店のランキングで常に1位の人気商品になり、お店全体の転換率(コンバージョンレート)も9パーセントを超えるようになります。転換率というのは、サイトにアクセスした人のうち何パーセントが購入したか、という「接客力」を表す指標です。その推移は、2003年で3パーセント台、2005年で7パーセント台、2006年で9パーセント台となっており、接客力が上がっていることがうかがえます。

代表例その3は、「いろんなとこの地サイダー　昭和レトロ　2本×8種類」

http://item.rakuten.co.jp/nakae/420618022set/

2006年夏に、お客さんから届いた「いろいろな地サイダーを飲んでみたい」というリクエストがきっかけとなり、中江さんが「たしかに味わいも違うので飲み比べでき

たら楽しそう。いっそのこと、レトロな雰囲気のダンボールをつくってオリジナルセットをつくっちゃえ」ということで実現したセット商品です。

これがメディアに取り上げられるなどして看板商品へと育ったことによって、お店全体の転換率は10パーセントを超えるに至ります。アクセス人数が伸びながらの転換率10パーセント超えというのは、「エクセレントなネットショップ」を見分ける判断基準の1つといってよいでしょう。実際、黒烏龍茶と地サイダーセットが売り上げを牽引した結果、2008年7月の月商は7829万円を突破しています。

●有事でも「いつも通りに商品を届ける姿勢」が信頼につながる

「いわゆるソフトドリンクのお店」では、1999年から「翌日配送」にこだわり、朝10時までの注文はすべて翌日に届く体制を構築していました。これは中江さんの「命の根幹である水を商う者」としての矜持《きょうじ》の表れの1つです。出店当初から掲げられている理念が、会社概要ページに書かれています。

その理念を「使命」として実感することになったのが、東日本大震災でした。飲料水を求めて人々が大混乱するなか、中江さんはとにかく「いつも通り」、すなわち翌日到着を目指してできる限りの対応をします。大手飲料メーカーに「いつ何が入荷するのか」を問い合わせ、配達可能地域を確認し、すでに注文を受けているお客さん一人ひとりに連絡を取って現況と到着予定日を伝えました。そして、方々に手を尽くし、販売できる商品の在庫を確保。在庫状況を逐一ページで更新し、「いつも通り」に翌日到着でお届けしたのです。この対応に感激したお客さんのコメントが、レビューにたくさん残されています。

これらの事例を通して、私が大切だと思うのは次の3つです。

(1) 自動販売機の前に立って「呼び込み&接客」をする姿勢

ネットショップというものを「自動販売機」的にとらえる人にとっては、「価格が安い順」に並べ替えができてしまうネットのショッピングモールや価格比較サイトというのは、過酷な環境といえます。

これを現実（リアル）に置き換えてイメージ（妄想）してみるなら、「たくさんの自動販売機が、【右から安い順】に並べられている状態」のようなものでしょうか。お客さんは、まず右端の自動販売機へ行き、品切れになっていなければそこで買います。右端の自動販売機が見たことのない、ややうさん臭い感じであれば、その左隣りにある「買ったことのある自動販売機」で買う人も出てきますが、右から10番目、20番目にある自動販売機が選ばれる可能性はかなり低くなります。そこで、少しでも右側へ行けるようにがんばろう……と、価格競争に巻き込まれていくわけです。

この私の「妄想」を聞いた中江さんは、「自分だったら自動販売機の前で呼び込みするなぁ」と言いました。これこそ「対面販売」スタイルです。人はたとえ右から安い順に並べられていても、右から10番目のお店で面白そうなイベントをやっていて人が集まっているのがわかると、寄ってのぞいてみたくなるものです。

(2) 有事でも「いつも通り」に商品を届ける姿勢

「究極の自動販売機」と「究極の対面販売」の大きな違いの1つは、有事の対応かもしれません。たとえば、いまあるビジネスの前提が崩れてしまうようなハプニングが起こって商品価格が暴騰したような場合には、値上げをするのがビジネスとしては当然の対応と考えられます。

しかし、あらゆる手を尽くして、時には短期的に持ち出しをしてまでも自らの「使命」をまっとうするために値上げもせず「いつも通り」に届けるためのアクションを取るという道もあります。その姿勢に感動・感激・感謝したお客さんとの関係は、「売り手と買い手」を超えたものになることでしょう。「究極の対面販売」は、人と人との間の営みなのです。

(3) 自動販売機としてのサービスレベルを妥協しない姿勢

今回のような「面白い企画が大事」という話をすると、とても共感し、ワクワクしてくれる人がいます。ただ、そのなかに、「面白い企画をやればすべて解決する」と解釈してしまう人がいたら要注意です。

中江さんのお店の事例を紹介するにあたって強調しておきたいのは、15年前から「10時までの注文は翌日配達」という自動販売機としての基本機能をきっちりと確立した上での「面白い企画」だということです。現在、「いわゆるソフトドリンクのお店」では「13時までの注文は翌日配達」とレベルアップしているものの、配送スピードのレベルとしてはもっと早いネットショップも出てきています。もしそういった状況で「ウチは楽しい企画がウリだから」と、配達に2～3日かかるままで妥協しているようなお店では、お客さんの選択基準で「足切り」にされる可能性があります。

ネットショップに求められる最低レベルのサービスというのは時代とともに変化していくので、そこは満たした上で「面白い企画」をやると極めて効果的になる、という話として受け取っていただければ幸いです。

CASE 6

82歳の店長にファンクラブができる風呂敷専門店のコンテンツマーケティングとは?

さて、お題です。

【問】これは、風呂敷でなにを包んでいるのでしょうか?

（考えタイム）

ちっ

ちっ

ちっ

ぼーん！

正解は、「ｉＰａｄ」でした！

2000年から楽天市場に出店している「ふろしきや」のページコンテンツです。

写真で「手の出演」をしているのは、「ふろしきや」の店長・倉田千恵子《くらたちえこ》さん（82歳）。

楽天出店時は69歳で、ワープロも触ったことがありませんでした。

店舗運営の実務を担当するのは、息子であり社長の倉田稔之《くらたとしゆき》さんですが、千恵子店長には「倉田千恵子ファンクラブ」のような非公式コミュニティができており、個人的にメールがきてやりとりすることもあるといいます。

「母は、受注処理は誰にもやらせない。これは私の仕事、という感じで楽しいみたいです。そういう意味ではホント楽天さんのおかげで、生き甲斐ができました」（稔之社長）。

「ふろしきや」は名物企画「シルエットクイズ」で、「楽天市場ショップ・オブ・ザ・イヤー2003特別賞」を受賞しています。「シルエットクイズ」というのは、冒頭のように風呂敷で何かを包んだ写真をアップして、「何を包んでいるでしょうか？」というお題を出す、クイズ形式のプレゼント企画です。

ちなみに、第1回目は引っ掛け問題だったそうです。

「Jリーグが流行っていたので風呂敷でサッカーボールを包んでおいて、横にお塩を置いておいたんです。そしたらみんな『スイカ！』って（笑）」（稔之社長）。

……茶目っ気たっぷりです。

受賞した2003年当時のEC業界の状況を思い返すと、メールマーケティングの絶頂期。プレゼント企画は、とにかく応募数（＝メールアドレス数）が集まるように、人気ゲーム機や液晶テレビなど、自店舗の商材とは関係ない賞品で展開をするネットショップも増えた時代でした。

なお、プレゼント企画をクイズ形式にすると、手間がかかるぶん応募数が減るため、「応募数重視」のショップはクイズ形式など眼中になかった時代です。そんななか、「ふろしきや」では、お客さんとの交流を大切にして、「シルエットクイズ」をやり続けていたのでした。

「たしかオープン6周年のときには、究極の企画として店長を包みました（笑）。170センチの大判サイズだったかな。そんなことを100回以上続けたら、もう家じゅうのモノをほとんど包んじゃって、包むモノがなくなったので、今は中断しているところです」（稔之社長）。

……中断の理由もお茶目です。

冗談半分な感じもするこの企画ですが、最初の発想はいたって真面目です。お客さんから、「風呂敷でどんな大きさのものが包めるんですか？」という質問が結構あったのを解決するためのアイデアとして生まれたものなのでした。

●新たな参加型企画「デザインコンペ」で、新商品を共創

出店13年を経て、新たな名物企画も育ってきています。それがオリジナル風呂敷を作る「デザインコンペ」です。デザインを募集して一等になった作品を商品化する企画で、年に1回ずつ、これまでに4回開催されています。

第1回目の受賞作品は、累計6000枚を売るヒット商品になっていて、名実を兼ね備えた参加型企画といえます。応募も年々増えてきていて、直近では700点ものデザインが集まるようになっています。応募者には、グラフィックデザイナーも多く、まだ知られていない才能あるアーティストに活躍の場を

提供する機会にもなっているようです。選考の様子がページにアップされているのですが、廊下までびっしりとデザイン案が並べられているさまは、壮観です。

この事例を通して、私が大切だと思うのは次の3つです。

(1) ソーシャル時代に「自然にツッコまれやすいお店」は盛り上がる

スキのないコンテンツやつぶやきというのは、「SNSでコメントされにくいランキング」の上位です。逆に言うと、「ツッコまれやすさ」というのが1つのキーワードになります。ただ、「賢い人がコメントさせようと計算し尽くした参加型コンテンツ」というのも、長く付き合っていくうちにだんだん「コントロールされている感」が出てきたりして、人が離れていく傾向があります。

「シルエットクイズ」のように、店長やスタッフの人柄が表れた自然な形としての「ツッコまれやすさ」のあるお店は、そこから生まれる会話をきっかけにしながら、長い時間をかけて「本当の意味でのファン」が増えていきます。

（2）よい面白企画の裏には、骨太な背景と充実したコンテンツがある

「シルエットクイズ」がお客さんの問い合わせをきっかけに生まれたように、「よい面白企画」の裏側には「骨太な背景」があることが多いです。ほかにも「ふろしきや」には充実したコンテンツがあります。

たとえば最近では、海外の外国人からの注文が増えてきたので、サービスとして「風呂敷の包み方」の英訳パンフレットや「古典柄の意味」を解説する英訳資料もつけています。その柄の解説コンテンツは、新柄が出るたびに、千恵子店長が書いてきたものです。それらのコンテンツの蓄積によって、千恵子店長は２００７年に『カジュアルふろしきライフ』という著書を出版するに至っています。

（3）商材を安易に広げず、深掘りするほうが旗が立つ

風呂敷専門店として始まっている「ふろしきや」ですが、これまでに「和雑貨なんかにも手を広げたほうがよいのではないか」という迷いもおおいにあったといいます。ただ、屋号が「ふろしきや」で商標も取っていたので、「風呂敷一本で強みを磨いていこう」と

コツコツ続けてきたそうです。

「おかげで母が風呂敷の本を出版するようになったりして、結果的には風呂敷ではウチが一番専門的になれているんじゃないかと思います。広い商材を扱って一番になるのは簡単じゃないけど、ニッチな世界で思いっきりがんばれば、一番になれる可能性がある。風呂敷で日本一なら、世界一ですし（笑）」（稔之社長）。

お客さんの心に刺さり、記憶に残るブランドになるには「捨てること」が大事だといわれますが、実際に葛藤しながら実践している「ふろしきや」の「商売を楽しむ姿」から、たくさんのことを学べるのではないでしょうか。

CASE 7

ソーシャル時代に「ファンが集うコミュニティ」が自然発生したバラ苗店のSNS活用法とは？

いきなりお題です。

【問】楽天市場に数あるネットショップのなかでも、ソーシャルメディアを上手に活用できているお店の一つである「バラの家」。さて、その社長のツイッターのフォロワー数は、何人でしょうか？

（1） 2000人
（2） 2万人
（3） 20万人

（考えタイム）

ちっ

ちっ

ちっ

ぽーん！

正解は、（1）「2000人」です！

「自分のほうがよっぽどフォロワー多いんですけど」という方も少なくないのではないでしょうか。

しかしこれは、とても小さな商売としての活用事例、というわけではありません。「バラの家【バラ苗専門店】」は、ガーデン・DIYジャンルで「楽天市場ショップ・オブ・ザ・イヤー」を5年連続受賞している、楽天市場を代表するお店の1つ。その名のとおり、バラの苗木を扱うお店です。

「バラの家」は、西武ドームで行われた「国際バラとガーデニングショウ2013」に初出店したところ、出展店舗のなかでダントツのブース面積あたりの売り上げを記録しました。しかも、社長の木村卓功《きむらたくのり》さんは、数百人からサインや写真をお願いされました。その際、「ブログ見てます！」「ツイッターでフォローしてます！」「フェイスブックに写真あげていいですか？」などと言われることが多く、ソーシャルの活動の成果を大いに感じたといいます。

では、このお店がどのようにソーシャルメディアを使っているのか、見ていきたいと思います。

木村さんが最初にやり始めたのは、ツイッターでの「バラ塾」でした。2010年秋頃から、毎週水曜日の20時にリアルタイムでお客さんの質問を受ける形の「塾」です。当時、私も見に行きましたが、双方向のコミュニケーション量が多く、盛り上がっていました。

ただ、続けるうちに質問する人が固定化し始めます。やりとりの内容は濃くなったのですが、まわりで見ている人が入りにくい雰囲気ができていきました。その状況をあまり好ましくないと考えた木村さんは、ツイッターの使い方を変えます。ツイッターは情報発信オンリーにして、バラについて自分がやっていることをつぶやくようにしました。そうすると、一部の人と濃いやりとりをしていたときに比べて、「いつも見ています」のような気軽な返信が増えたといいます。

ツイッターでの濃いやりとりがなくなった代わりに、2011年春頃から実店舗（埼玉県）で「バラ塾」を始めました。ほぼ毎週日曜日の開催で、最初は参加者が1人だけのこともありましたが、今では1回50人ほどまで参加者が増えてきているといいます。

告知は主にブログ。ツイッターで仲良くなったお客さんも参加します。バラ塾の参加者同士もツイッターやフェイスブックでつながっていて、クチコミで誘い合って参加するケースも多くあります。地元の埼玉からの参加が多いですが、首都圏をはじめ、秋田や奈良から来るお客さんもいます。

ツイッターのフォロワーは２０００人ほど（２０１４年5月時点）で、ゆっくり増えています。木村さんがフォローするのは個人のバラ愛好家ばかりで、いわゆる「フォロー返し」を狙ったフォロワー稼ぎのようなことは一切やりません。

フェイスブックについては、ツイッターとはまったく異なる使い方をしています。ツイッターは国内のバラ愛好家向けなのに対して、フェイスブックは「海外の人とつながれるツール」になっていて、お店のページを見た海外の人から「このバラをください」と言われることもあるといいます。

具体的に何をどうしているかというと、フェイスブック上にある世界的なバラのコミュニティに、「1人の育種家（バラの品種を開発する人）」として参加して、「こんなバラをつくりました」といって写真とお店のページURLを投稿しているのです。

この事例を通して、私が大切だと思うのは次の3つです。

（1）熱のこもった深く濃い情報の発信元にはコミュニティができる

木村さんは、「バラに関係ないことはつぶやかないようにしています。というか、バラのことしかやりたくないだけですが」と言って笑います。このように、コンテンツが明確にバラに絞られているのが、「バラの家」の成功の一因です。雑記的に食べたものや風景写真などをアップしていると、そのまわりには「バラ愛好家のコミュニティ」はできにくくなります。

また、木村さんは、バラ愛好家のメンタル面でのケアを意識しています。たとえば、あるとき台風で多くの人が枝を折られてしまった。そんなときに技術的な対応だけでなく、心の持ちようも伝えます。「バラは折れても根が元気なら次々と新芽が出るので、2週間もすれば今回の被害なんか気にならなくなります。前向きにいきましょう」という感じで。そうすると、お客さんから「ちょうど庭に出て気持ちが落ち込んでいたけど、店長のつぶやきで気が晴れました」という返信が届きます。

「売るためのコンテンツ」を考えて発信するのではなく、バラの専門家としてバラ好きな人と会話を楽しんでいるうちに、自然とコミュニティができあがる。これは「ソーシャル（人とのつながり）」として理想的なあり方ではないでしょうか。

（2）商品ではなく、成功体験を売る

買った人が成功体験を味わえるお店には、リピートのお客さんが増えます。買う前に成功体験を味わわせてくれるお店には、新規のお客さんが増えます。買う前も買った後も成功体験のチャンスを提供し続けてくれるお店には、コミュニティができます。

「バラの家」では、実店舗の「バラ塾」で参加者の反応を直接見ながら磨き上げたコンテンツを、ウェブにアップするという流れが確立しつつあります。実際、目を見て話をしていると「この人はここがわかっていないんだな」というのがよく見えるのだそうで

す。それを元に、自分の伝え方を改善しています。そうしてでき上がったウェブコンテンツに触れた人は、購入前にも購入後にも「バラをうまく育てられた」という成功体験を味わうことができるので、自然と「バラの家コミュニティ」への滞在時間が長くなっていくのです。

木村さんは、「ソーシャルは、ラーメンでいうと〝スープのダシ〟」だと言います。「プロモーション効果で考えると〝厚切りチャーシュー〟などはドカーンとくるのに対して、スープのダシ自体だとインパクトは大きくない。でも、結局、おいしいと気に入られて常連になってもらうポイントはダシにある」ということです。

（3）フロー型コンテンツとストック型コンテンツの違いを意識する

ここまでのところでは、ツイッターとフェイスブックについてしか触れてきませんでしたが、木村さんが一番力を入れているのは「ブログ」です。きれいなバラの写真を入れたり、バラの育て方について写真を多用して解説するなど、毎日更新しています。お客さんも日々の習慣のようにして読んでくれているといいます。

コンテンツ発信を企画する際に持っておきたいのが「フローとストック」という視点です。

ツイッターやフェイスブックで書いたことは、基本的には流れていってしまいます（フロー型のコンテンツ）。これに対して、ブログの場合は、ストック型に近くなります。考え方としては、ストック型のブログを「旗艦コンテンツ」としつつ、それをフロー型のコミュニケーションで紹介するような使い分けをすると、せっかく時間と手間を注いだコンテンツが「消費されて終わり」にならずに済むのでオススメです。ストック型のコンテンツがあれば、コミュニティに後から入ってきた人にも見てもらえるので、コミュニティへの参加ハードルがそれだけ下がることにもなるのです。

なお、ストックコンテンツとして、２０１３年にバラの本を出版、その翌年に2冊目を出すなど、コンテンツのバラエティも多様化しつつあります。

CASE 8

なぜ国内1店舗だった洗車用品店が、数年で11カ国300店舗を超えたのか？

いきなりクイズです。

【問】オリジナルの洗車用品を扱う「洗車の王国」というネットショップでは、お客さんの「苦情のようなメール」をきっかけに大きな変化が起こって、数年で国内1店舗から11カ国300店舗を展開するに至りました。さて、そのお店へ実際に届いた「苦情のようなメール」は、次のうちどれでしょうか？

（1）「イベントの日程を急に言われても困る」
（2）「ウチの夫は車が好き過ぎて、お金がかかって困る」
（3）「貴店のSENSHAという理念は論理的に意味不明なので困る」

（考えタイム）

ちっ

ちっ

ちっ

ぼーん！

正解は、（2）「ウチの夫は車が好き過ぎて、お金がかかって困る」です！

●お客さんのメールによって、理念・ビジョンがバージョンアップ

「洗車の王国」では、オープン当初に、「日本中の車をキレイにしたい」というビジョンを掲げていました。あるとき、お客さんから、

「ウチの夫は車が好き過ぎて、お金がかかって困る」

というメールが届きます。お叱りのメールかな……と思って読み進めると、

「でも、最近、車の運転が丁寧になった気がします。洗車のおかげかな」

と書かれていました。それを読んだ社長の相原《あいはら》浩《ひろし》さんは、頭をハンマーで叩かれたような衝撃を受けたといいます。自分の体験を振り返ってみて、

「そうだ！　たしかに自分で洗車すると車に愛着が湧いて、運転が丁寧になる。ひいては……交通事故が減ることにつながる！」

という自分の商売の因果ストーリーが、ドーンとハラ落ちしたのです。それ以来、

「洗車を通じて、世界から交通事故をなくしたい」

という想いを持って「洗車」を広めるための活動をするようになります。すなわち、お客さんからのメールによって、理念・ビジョンがバージョンアップしたわけです。

●「自宅で洗車するだけ」のイベントに参加できないお客さんが悔しがる

その「洗車を広める活動」の一環として、あるとき「洗車の王国」が企画したのが、「めざせ1万人！　全国チャリティー洗車大会」というイベント。

「○月○日○時から洗車スタートします！」と決めて、参加者はみんなで一斉に洗車をする、というものです。ただ、「みんなで一斉に」といっても、参加者は全国各地に住んでいるお客さんなので、物理的には「各自が家のガレージで洗車をしているだけ」という、

ちょっと変わったイベントです。

なお、その様子（クルマを愛情込めて洗っている様子やピカピカになった愛車）の写真をお店に送ると、ページにアップしてくれるという仕組みになっています。

また、参加者がそのイベント用に商品を買った場合、収益の一部がチャリティーに回ります。その延べ参加人数を1万人になるまで続けてみよう、という企画です。

初回は、全国的に雨だったにもかかわらず、なんと45名のお客さんが参加。そして、その時間に用事があって参加できなかったお客さんから、

「急に日程を言われても困るので、早めに教えておいてほしい」

という声（苦情？）まで届きました。

●世界への第一歩のきっかけは、楽天市場のランキングに載ったこと

２００５年のこと、中国の企業から「洗車の王国の製品を中国で販売したい」という連絡が入りました。楽天市場のランキングからお店の存在を知り、コンタクトしてきたのでした。

それを機に話がトントン拍子に進んで、２００６年には中国にフランチャイズとして「洗車の王国」１号店がオープンします。

相原さんは、中国でも「洗車は安全運転につながる」という話をしました。最初のうちは、ピンとくる人はほとんどいませんでした。それでも話し続けました。

あるフランチャイズ店の開店式で、いつものように「洗車は安全運転につながる」という話をした後のこと。お店の前の道路が工事中で水溜りだらけだったのですが、来店したポルシェのお客さんが水溜りの水を跳ね上げて勢いよく走ってきました。

それが、洗車をした後、「ありがとうございました！」と送り出すと、そのポルシェのお客さんは、水溜りを避けてゆっくりゆっくり走って行ったのです。

それをちょうど店の前で見ていたフランチャイズ店のオーナーが、「ホントだね〜」と感心したのでした。


また、相原さんが中国の自動車行政の高官と会食をしたときのこと。

相原さんが、「最近、日本では交通事故が減ってきたんです。それは、飲酒運転や違法駐車の取り締まりが厳しくなったことが要因といわれていますが、実は違います。洗車の王国の製品が売れれば売れるほど事故が減るんです。だって、みんな車をキレイにすれば自然と安全運転になるものでしょ」と話すと、会場は笑いに包まれました。

しかし、その高官が帰り際に相原さんのところへ来て、「確かに同感だ。洗車の王国のビジネスには協力したい」と言いました。その政府高官は、今でも相原さんのことを覚えていて、声をかけてくれるのだといいます。

●SENSHA Summitの開催へ

その後も海外での活動は広がり、現在11の国と地域（フランス、イラン、中国、韓国、台湾、香港、タイ、マレーシア、シンガポール、ブルネイ、日本）で300店舗を超えています。

さらに、パートナー同士の横のつながりも盛んになりつつあり、実際にお互いの強みを活かして、貿易も始まりました。

ほかにもオファーがくる国は、後を絶たないといいます。

それらの国からのオファーのいくつかは、現在活動中の国のパートナーの友人などからによるもので、「SENSHA Familyに参加したい」という内容だといいます。

「今後は、年に一度はどこかの国に集まって、【SENSHA Summit】を開くことになっていいます」（相原社長）。

【SENSHA】という言葉が出てきましたが、「洗車の王国」では、単に車を洗う「Ｃａｒ　ｗａｓｈ」ではなく、車を大切にすることが安全運転につながる文化として【ＳＥＮＳＨＡ】を世界に広めようとしているのです。実際、その想いを共有する【ＳＥＮＳＨＡ　Ｆａｍｉｌｙ】が世界中に自然な形で増えてきています。

この事例を通して、私が大切だと思うのは次の３つです。

（1）お客さんからの「たまごち（魂のごちそう）」が理念を進化させる

第1章で書きましたが、「お客さんからのありがとう」を「魂のごちそう」、略して「たまごち」と呼んでいます（81ページ参照）。

「あなたのお店（商品）のおかげでこんなハッピーがあった」というような「たまごち」をたくさんもらえるようになると、あるとき、「もしかして自分たちは世の中のこんな社会問題を解決していることになるのではないか」と気づく瞬間が訪れることがあります。「たまごち」が理念を進化させるのです。

そのあたりのストーリーをつづったショートムービーがあります。相原さん本人が制作したものです（スライドショーみたいな、素朴な作りです）。一見の価値アリです。

http://item.rakuten.co.jp/sensya/c/0000000361/

（2）本物の理念は「自己犠牲的利他」ではなく「自己中心的利他」から生まれる

「もっと売り上げを伸ばしたい」とか「お金持ちになっていい車に乗りたい」という利己的な考えは「理念」になりません。かといって、第1章で既出のように「自己犠牲的利他」でも長続きしません。自分のやりたいことを夢中でやっているうちに、まわりの人から「ありがとう」と言われるようになる「自己中心的利他」が理想的です（80ページ参照）。

「まわりの人」には、フランチャイズのパートナーも含まれます。「洗車の王国」は洗車サービス店のフランチャイズとして広まっていますが、ロイヤリティはありません。単にカーシャンプーの物販に、さまざまなサポートがついている形です。「『洗車の王国』ブランドを自由に使ってください。洗車のしかたも御社の従業員に研修して教えます。その代わり、カーシャンプーは必ずウチのを使ってください」というビジネスモデルです。

製品は、国に合わせてチューニングをしています。自分たちがこだわって開発した製品だからといって、「メイドインジャパンは最高なんだ！」と押し付けることはしません。

それはかつてこんなことがあったからです。中国のパートナーから、「あまり泡が立たない」と言われたので「そんなはずはない」と思いながらも現地に飛んで調べてみたら、本当に泡立たない。研究の結果、使っている水や汚れの中身（空中を飛んでいる物質など）によって泡立ちや洗浄力が変わることがわかりました。

それを学んでからは、製品はすべて現地に合わせてチューニングするというスタンスでやっています。現地のパートナーが連絡してきて「アドバイスが欲しい。何を伝えたらよいか？」と聞くと、相原さんたちは、「いや、そっちへ行くからいいよ」と言って、すぐに駆けつけます。パートナーは「本当に来てくれるなんて！」と、とにかくびっくりするといいます。しかも洗ってみて「本当だ。泡立たないね」と言って帰ったと思ったら、すぐに改善された製品が送られてくる。それで、「ありがとう！」が生まれ、信頼が確固たるものになるのです。

(3) 海外展開は「外国へ戦いに行くこと」ではない

相原さんは、理念が明確になった効果として「関係する方々すべてとの立ち位置が変わった」と言います。関係者とは、お客さん、取引先、外注先、スタッフ、代理店などすべてを含みます。その関係性が、「売り買いという経済活動の相手」から「パートナー」に変わったということです。

相原さんが語る海外展開のスタンスは、次のようなものです。

「『洗車の王国』の海外展開とは、私たちの実現したい未来に対して夢を共有できるパートナー（SENSHA Family）探しです。よく聞くような、海外進出、海外戦略とは違い、外国に戦いに行くイメージはまったくありません。洗車業は、非常にローカルな仕事であり、生活習慣や商習慣、文化に密接に関わっています。私たち自らが洗車業を外国で行う場合、その文化の勉強から始めなければなりません。そもそも、私たちのミッションは、洗車の王国の考え方（SENSHA Culture）を広めていくことですので、その国で広めるミッションは、その国の文化を熟知している現地のパートナーに委ねることが近道です。商品を売ること、売り上げを伸ばすことは後からついてくると考えているので問題ありません」

「グローバル競争」という考え方とは対極のスタンスだからこそ、「友人から聞いたんだが、私もSENSHA Familyに入れてほしい」というオファーが絶えないのです。

CASE 9

広島の書店が、大手ネット書店と戦わずに売り上げを伸ばした方法とは？

いきなりクイズです。

【問】ネットで本を売っている「コミコミスタジオ」では、送料に関してある施策をやったことで売り上げが伸びました。

それは次のうちどれでしょうか？

（1）送料を無料から有料にした
（2）送料を有料から無料にした
（3）送料をメール便価格に下げた

（考えタイム）

ちっ

ちっ

ちっ

ぽーん！

正解は、（1）「送料を無料から有料にした」です！

もはや「送料無料が当たり前」な本のEC業界。多くの事業者は送料をいかに抑えるかに頭を悩ませているのが現状です。広島県でリアル書店を営みつつネットショップを手がける「コミコミスタジオ」もその一社として、送料無料でがんばっていました。

もともと「コミコミスタジオ」は一般的な書店とは違います。「取り扱いジャンルを絞る」ことを戦略として、ネットでは「ボーイズラブ専門店」として展開しており、ファンのお客さん（ほとんどが女性）が喜ぶ品揃えとコンテンツを強みとしていました。

しかし、「送料無料」は利益を圧迫するため、ここへきて「送料無料をやめる」という大きな方針転換を決めます。内藤《ないとう》剛《つよし》社長は、「ダメかもしれない」と売り上げダウンを覚悟の上で、送料有料化に踏み切りました。

その代わりに、「送料分でお客さんにサービスをしよう」と考え、オリジナルのノベルティ作りに注力。関係性の近い作家とコラボして、描き下ろしのペーパーやポストカードを特典としてプレゼントするようにしました。

その結果……売り上げがダウン。しかし！

「昨年対比で売り上げダウンしたのは、たったの1カ月だけで済みました」（内藤社長）。

その翌月からは昨対で売り上げアップし続けています。もちろん利益率も上がりました。現在は、月に30種類ほどのペースでノベルティを制作できるようになってきており、ほかのネット書店との「違い」が拡大しつつあります。

●リアルイベントにも注力。勝手にオフ会を開催するファンが全国に出現

送料有料化と並行して、コミュニティづくりにも力を入れ始めます。

自社サイトでは、月額300円の会員制サービスを開始。3000円以上送料無料をはじめとした特典があるという内容です。

ソーシャルメディアでは、同店のお客さん像（ペルソナ）を代表するような「自らボーイズラブの大ファン」であるスタッフを担当にしたことで、お店からの一方的な発信ではなく、お店とお客さん、およびお客さん同士のコミュニケーションが促進されつつあります。

リアルのイベント（東京・広島でのオフ会や作家を招いたイベント）にもチャレンジ

したところ、予想以上の反響で、全国から参加者が集まったほか、「懇親会が夜中まで続いて、誰も帰ろうとしない」（内藤社長）というほどの盛り上がりを見せたといいます。そのうち、自分の地元で「勝手オフ会」を開催するファンが全国に出現し始めるという展開になっています。

この事例を通して、私が大切だと思うのは次の3つです。

（1）業界の常識と反対のことを「面白化」してやってみる

まず前提として、「戦略」という言葉はビジネスでよく使われますが、「どう戦うか」という意味合いで語られることも少なくないようです。本書では**「戦いを略すためのアイデア」**という意味で使っていきます。

「戦いを略すためのアイデア」としては、領域を絞る「専門化」が典型の1つですが、本の場合は、「製品と価格」に差がつけられない上、「品揃え」といっても流通している本は大手ネット書店で「自動販売機」的に手に入れることができてしまいます。したがって、たとえ専門的なコンテンツをつくったとしても、そこで情報を得て、あとは送料のかからない大手ネット書店で買う、という買われ方をされてしまいやすい側面もあります。

第1章で触れたように、大手ネット書店が提供する価値は「買い物にかかる5大コストの最小化」です（45ページ参照）。「送料無料（お金かからない）・翌日配達（時間かからない）・ワンクリック（手間かからない）・シンプルなページ（考えなくて済む）・いつもの安心感（不安なし）」という価値を提供しており、これが本ジャンルのECの「常識」となっています。

戦いを略すためには、この常識とは反対のことをします。「いろんなコストがかかるけど【こっちのほうが楽しい】」という価値を生み出すのが反対側の道になります。「コミコミスタジオ」の場合は、「オリジナルの特典」と「コミュニティ」をつくることで【こっちのほうが楽しい】を実現しているといえます。

（2）強みを活かせていない施策はやめる

利益の源泉になるのは「強み」です。強みというのは、「ほかの人がやるより自分がやったほうがコストをかけずにできてしまうこと、または大きなメリットを生み出せること」です。

送料を無料にすることは、規模のメリットを有するプレイヤー（ジャイアント）からすると「強み」に基づく施策ですが、そうでないプレイヤーにとっては単なる「利益減らし」にほかならないので、商売を長続きさせるためにはすぐにやめたほうがよいことになります。

内藤社長は「強み」というものについて研究をした結果、自社の強みが「作家との関係が良好なこと」と「ボーイズラブが大好きなスタッフが大勢いること」だと理解します。これを最大限に活かすアイデアを考え抜いて、各施策が生まれていったわけです。

(3) お客さん同士がつながれる場をつくる

「自動販売機」では売っていないものの一つが「コミュニティ」です。

コミュニティには大きく3種類あります。

「人（リーダー的存在）につながっているコミュニティ」
「メンバー同士がつながっているコミュニティ」
「コンセプトにつながっているコミュニティ」

です。

「コミコミスタジオ」の場合は、内藤社長とソーシャルメディア担当者が中心になり、作家を招いたイベントなどを交えつつ、お客さん同士がつながれる場づくりを進めていっています。

ボーイズラブのファンというのは、同好の士としか話題にしにくい側面もあるため、横のつながりができることの価値はより大きいのかもしれません。

ただ、社会のつながりが希薄になってきているといわれる現在、「居心地のよい場所を提供してくれる」というのは、それを求める人にとっては極めて大きな価値創造といってもよさそうです。その価値を提供してくれる「お店（リーダー的存在）」に、だんだん多くの人が集まっていくのです。

なお、コミュニティができてくると、その中の何人かが集まった「小さなチーム」が生まれやすくなります。「コミコミスタジオ」の場合でいえば、「勝手にオフ会を主催する人が出てきた」のが、「コミュニティの中に生まれたチーム」です。

そういうプロジェクトがコミュニティ内で「勝手オフ会をやろう」と立ち上がって、

オフ会が終わるとチームは解散します（これをプロジェクトAとします）。また別のプロジェクトBが立ち上がり、実行され、解散します。

次に生まれたプロジェクトCは、「プロジェクトA参加者とプロジェクトB参加者が両方いて、プロジェクトCで初めて出会う」ということが起こります。すると、その2人を中心に、A、B、Cのメンバー間の交流が活発になり、コミュニティのつながりが密になっていく。そのようなことが起きていくと、そのコミュニティは廃れずにどんどん熱量が上がっていくわけです。コミュニティ・ファシリテーションという言葉があるのかどうかわかりませんが、「そのようなことが起こりやすくなる環境を整える」ということが、「究極の対面販売」スタイルにおいては重要になってきます。

たとえば、スモールチームが生まれやすい環境にするためには、やはりコミュニティに共通のビジョンが明確であり、「みんなでこうやって楽しもうね」というメッセージがコミュニティ全体で共有されていて、かつ、「お店が支配しているコミュニティじゃないので自由にやってもらっていいですよ」ということも伝わっているなど、いろいろな要素が考えられます。

CASE 10

なぜネットで「壁紙」が月商1億円も売れるのか？

いきなりクイズです。

【問】ネットショップで「壁紙」を売って、月商1億円まで急成長しているお店があります。

さて、どんなお店でしょうか？

（1）初心者のお客さんに壁紙の貼り方を教えながら売るお店
（2）全国のインテリア業者と派遣サービスの提携をしているお店
（3）世界中を真っ白な壁で埋め尽くすことをビジョンにするお店

（考えタイム）

ちっ

ちっ

ちっ

ぽーん！

正解は、（1）「初心者のお客さんに壁紙の貼り方を教えながら売るお店」です！

これは、楽天市場に出店している「壁紙屋本舗」というお店です。取り扱っているのは、壁紙をメインにしたリフォーム用品。職人を派遣するのではなく、お客さんが自分で施工する「セルフリフォーム」を基本コンセプトにしています。

本社は大阪にあり、「楽天市場ショップ・オブ・ジ・エリア2012関西エリア賞」を受賞するなど、楽天市場を代表するお店の一つです。

私が「ネットで壁紙をたくさん売っているお店がある」という話をすると、たいていの場合、まず「業者用なの？」と聞かれます。「いいえ、お客さんが自分でのり付けしながら貼るんです」と言うと、「は？」という顔をされることが多いです。

では、実際にどんな売り方をしているのでしょうか。

ページを見てみると、目に飛び込んでくるのが「全人類職人化計画」というフレーズ。「全ての人が職人のようなリフォームができるように『プロの技』を誰にでもわかりやすく説明していきます！」というリードがあり、ページには動画を活用した「壁紙の貼り方」など、数十ページを超えるコンテンツが用意されています。

また、お客さんから寄せられた300件近い事例が掲載されている「セルフリフォーム事例」のページや、「貼ってもはがせる賃貸物件向けリフォーム情報」のページなど、「全人類職人化」のビジョンを掲げるだけあって、かなりの充実ぶりです。

ここまでは、「ネットショップの施策」として想定の範囲内かもしれません。しかし、ウェブサイトのコンテンツを充実させるだけでは、全人類職人化はなかなか進みません。そこで、「壁紙屋本舗」が力を入れているのがネットではなくリアルなワークショップ「壁紙の貼り方教室」です。

●リアルの「壁紙の貼り方教室」を開催。参加者は1万人超える

「壁紙の貼り方教室」が最初に企画されたのは、2009年。当初はまったくといっていいほど参加者が集まらず、自分たちでビラを配ったりもしていました。

「とにかく続けることと、教室の募集ページのレビューが重要なので集めていくこと、あとはとにかく楽しんでもらえるように気をつけています」（林耕一郎《はやしこういちろう》店長）。

2014年時点では、全国各地、月2回ペースで教室が開催されています。ちなみに、ある日の状況では、全国9会場（東京・大阪・名古屋・愛知県刈谷・富山・三重・滋賀・岡山・福岡）、午前・午後の2回転で開催され、各会場ともほぼ満員御礼となっています。参加費は有料（1名1500円）です。

※「壁紙の貼り方教室」の様子。カラフルで多様な模様の輸入壁紙が使われています。なお、この写真右の背景の壁、「スクラップウッド柄の壁紙」が貼られていることに気づかれた方はいらっしゃるでしょうか？

http://www.rakuten.ne.jp/gold/kabegamiyahonpo/z_zenjin_top.html
http://item.rakuten.co.jp/kabegamiyahonpo/wp-school/

通算の参加者数は、大きな展示会でのブース開催なども含めると「1～2万人になると思う」（濱本廣一《はまもとこういち》社長）とのこと。また、「壁紙を貼ったことがない人、壁紙を貼りたい人が集まって、お客さん同士でコーディネートの相談が始まったり、壁紙をその場で買って帰られる方が多くいらっしゃいます」（林店長）ということで、人類の職人化は着々と進みつつあるようです。

この事例を通して、私が大切だと思うのは次の3つです。

（1）手間がかかることはマネされにくい

ワークショップには手間がかかります。手間のかかることとは、簡単にはマネできません。逆に言うと、ネットショップの世界でメインになる接客の場は「商品ページ（ランディングページ）」ですが、極端にいえばコピペできてしまうので、マネするハードルが低いわけです。そこで、「いかにマネされにくい強みを持てるか」という視点が大切になってきます。

「オフラインは、物理的なキャパがあるので定員は多くできず、その割に手間がかかってしまいます。でも、それがあるからオンラインが活きてきて、『壁紙を選んで買うのはオンラインで』という、まさにらせん的に回りながら上がっていっているように感じます」（林店長）。

このように、「壁紙屋本舗」の例では、教室開催がまったくの非効率だった時期からやめずに数年間続けてきたことが、今になって実を結んでいるといえます。また、教室で初心者のお客さんと向き合うことによって磨かれたコンテンツが、次はオンラインに掲載されていく、というスパイラルも強みになっています。

(2)「知る」と「わかる」の大きな違い

商品の価値をお客さんに「知ってもらうこと」と「わかってもらうこと」には、大きな違いがあります。

知るというのは、「これまで持っていなかった情報を持つこと」です。「壁紙って初心者でも自分で貼れるんだ」と知る。ただ、知ってもらえても、壁紙は売れません。がんばって安売りセールをしたとしても、要らないものは要りません。だから売れない。もし欲しくなったとしても、「貼れるのはいいけど、器用でない自分でもできるのだろうか?」のような疑問(購入後の後悔のおそれ)が解消しなければ注文ボタンは押せません。

この「知る」が「わかる」になるためには、「やってみる」ことが必要です。自分で壁紙を貼ってみて初めて「壁紙を貼るとはこういうことか! 意外と簡単だし、楽しい!」とわかります。

つまり、接客設計図として、「知る→やってみる→わかる」というストーリーを進んでもらえるような行動デザインをすることが売り上げにつながります。

「壁紙屋本舗」の場合、ウェブのハウツーコンテンツをいかに充実させても「やってみる」の壁を越えてもらうのは相当難しいわけです。

「だったらリアルで教室をやろう」という、ネットとリアルをむやみに区別しない柔軟な考え方が、功を奏しています。「ありふれた店」のネットショップ担当者が「ネットの担当なので、リアルは自分の仕事ではない」と考えがちなのと比べると、大きな違いです。

(3) 聞いた人がワクワクしちゃうビジョンを掲げる

10年ほど前に「壁紙屋本舗」のページを初めて見たとき、「全人類職人化計画」という8文字熟語(?)を見て、「このお店は面白そうなニオイがする」と思いました。

興味を引かれてページを探検したら、前述のようにコンテンツ盛りだくさんのページと出合って「やっぱり面白そう!」と思うに至りました。もしこれが、「セルフリフォームの楽しさを広めたい」と書いてあったとしたら、その先を探検まではしていなかったと思います。

「全人類職人化計画」という絶妙なビジョンと、その実践としての「壁紙の貼り方教室」。

ここに、「壁紙屋本舗」ファンが増える理由がありそうです。

なお、冒頭のクイズの選択肢に「世界中を真っ白な壁で埋め尽くす」というビジョンがありましたが、社長の濱本さんは、まったく逆に「日本から白い壁をなくす！」というビジョンを持っています。「日本の壁は『とりあえず無難な白』ばかりで面白くない。カラフルでデザインも豊富な輸入壁紙で、日本の壁を楽しくしたい。業界の価値観を変えたい」という想いによるものです。これもまた、一度聞いたら忘れられないビジョンです。

CASE 11
大手メーカーが「既存の流通との軋轢」を避けてネットで直販する方法とは？

いきなりクイズです。

【問】株式を上場している某ナショナルブランドメーカーは、Ｅコマースで初めての直販をするにあたり、「既存の流通との軋轢《あつれき》」というハードルを乗り越えました。さて、どのような方法を取ったのでしょうか？

（1）関係者を集めた、徹底的な話し合い
（2）会社名を伏せるため、別法人を設立
（3）個人商店のような、地道な店舗運営

（考えタイム）

ちっ

ちっ

ちっ

ぽーん！

正解は、（3）「個人商店のような、地道な店舗運営」です！

これは、楽天市場に2000年頃から出店している某メーカー直営ショップの事例です。メーカーさんからのネットショップ出店の相談では、会社の規模にかかわらず、ほぼ確実に「既存の流通の軋轢を避けるにはどうしたらよいか」という点が話題に出ます。今でこそ大手企業のなかにも「時流なのでやむなし」と直販に踏み切るスタンスが増えてきましたが、2000年当時にはEコマースのための別法人を設立するところが少なくありませんでした。

そんななか、某メーカー直営ショップはどうしたか。

グループ会社である販売会社の、しかも「イチ営業所」が楽天に出店をしました。正確にいうと、イチ営業所が自分の判断で「ウチもネットショップやってみよう」と始めてしまったのでした。

やはり最初は、「既存の流通の軋轢」により、社内の営業担当から「取引先に『おたく、なんでネットで直販してるの！』と言われる」と煙たがられました。ネットショップを立ち上げただけでそれですから、いわんや値引き販売などもってのほかです。

●「福袋」でファンを増やしつつ、「ロットの壁」を越える

そこで、このお店が活用した施策の一つが「福袋」です。

そもそも軋轢の原因を考えてみると、卸先は「ウチに卸している商品をメーカーが安売りするのはケシカラン」という理由が最も大きい。だったら、「それぞれの商品をいくらで販売しているのかがわからない福袋」にすれば、軋轢が起きにくくなります。

さらに、福袋の中に非売品などを入れておけば、なおさら「各商品の価格」はあいまいになるわけです。

「福袋」というと、年始に行われるもの、と思っている人も多いですが、年始以外にやってはいけないという決まりはありません。そこで、店舗運営の柱の一つとして頻繁に「福袋」を企画して、メルマガでお知らせするというのを繰り返すことで、地道にお客さんを増やしていきました。

そして、あるとき、「買ってくれるお客さんがこのくらいいるなら、ネット限定の商品をつくってもロットの壁を越えられそうだな」という瞬間が訪れます。

そこから「ネット限定商品」を製造し、「柔軟性のある価格」で販売できるようになり、

店舗運営のステージが一段階上がりました。それによって、オープンから数年後に「楽天市場ショップ・オブ・ザ・イヤー」を受賞するに至っています。

この事例を通して、私が大切だと思うのは次の3つです。

(1) 量が質に転化する

価格競争に巻き込まれる大きな原因の1つは、「ほかでも買えるモノを売っているから」です。なので、誰しも「ここでしか買えないモノ」を売りたいと思いますが、オリジナル商品の実現には「ロットの壁」が立ちはだかります。

対面販売スタンスの場合、メルマガを読み続けてくれているような「距離の近いお客さん」が一定数を超えると、ロットの壁を越えられるようになります。ロットの壁が1000個であれば、数百人から1000人の「ネット限定商品が出たら買うよ」というお客さんに囲まれた時点で、実際に企画販売しても在庫が大量に余るリスクを抱えなくて済むようになります。なので、量が質に転化して、実現可能になるのです。

これに対して、「自動販売機で買うお客さん」が一定数を超えると、「仕入れロットが大きくなることによるボリュームディスカウント」という質的変化は起こりますが、オリジナル商品が売れるかどうかは読みにくいところがあります。なぜなら、「自動販売機で買うお客さん」は「自分の欲しいものと欲しいタイミングが決まっている」ことが多いからです。

「量が質に転化する」という法則自体は普遍的だとしても、「どのような質的変化が生まれるか」は、あり方・やり方によって違ってきます。ちなみに、今回の某ショップのメルマガは、多くの大企業のＥＣサイトと違って、店長が個人で名乗るところから始まっています。

(2)「許可を求めるな、謝罪しろ」

昨今は、大手企業が最初から多額のマーケティング予算を確保した上でＥコマースに参入するケースも増えてきています。その分、期待も大きく、早い段階で結果を出すことが求められがちです。

その点、今回紹介した某メーカー直営ショップは、「誰からも期待されていない」という状況を活かして、「自分のやりたいようにやれたこと」が強みになっているといえます。

店長さんによると、当時の状況は次のようだったといいます。

「勝手にネットショップをやることにはしましたが、一応、出店の許可は本社からもらっていました。ネットショップなんて〝ワケのわからないもの〟を〝カタカナ〟で説明されても理解できないので、トラブルさえ起こさなければ勝手にどうぞ、というスタンスでした（笑）。

ただ、2名ほど当時のお偉いさんにも理解者がいて、面白がって見てくれてはいました。勝手に20万まで使っていいぞってＰＣを買ってくれたりして」

ネットの業界でよく引用される言葉に「許可を求めるな、謝罪せよ」というのがあります（もともとは米スリーエム社の社是だとか）。これは、許可が出るまでの大幅な時間ロスや「許可されなかったからできなかった」という言い訳をするくらいなら、自分の責任でチャレンジする姿勢をよしとするものだと思います。もしそれで誰かに迷惑をかけたりすることがあれば、自分の責任として謝罪をすればよいではないか、と。

今回の某ショップは、今では本社からも期待される存在となっています。出店時の許可以降は、本社に一つひとつお伺いを立てて許可を求めるようなことはしていません。

もしそうしていたら、おそらく今の姿はなかったはずです。

（3）ベンチャーと大企業の違い

ネットショップをやるには、ベンチャーが向いていています。前項ともつながりますが、上司の許可を待つ間にもアクションを起こしてみると、お客さんの反応が「それがよかったかどうか」をその日のうちに教えてくれます。その反応をもとにブラッシュアップを高速で繰り返すことが、売り上げアップ・利益アップにつながっていきます。

ここでいう「ベンチャー」とは、企業規模の違いではありません。「変化し続けようとする強い意志」を持った組織が、ベンチャーです。したがって、大企業でもベンチャーたり得ますし、創業したばかりでもベンチャーではない組織もあり得ます。

今回の某ショップは、「大企業内のベンチャー」であったことが大きな成功要因の一つです。「自動販売機型のＥＣサイト」をつくるのであれば、組織の論理にしたがって粛々と進めるのもよいかもしれませんが、「究極の対面販売型のお店」を目指すのであれば、店長に決裁権限を委ねるか、「許可を求めるな、謝罪しろ」と伝えることが、近道です。

CASE 12

なぜ半額セール中に、値引きなしの高額日本酒100本が7時間で完売したのか？

いきなりですが、クイズです。

【問】多くのネットショップが半額商品を売り出す「楽天スーパーSALE」の期間中に、あるお店が「値引きなし」で高額日本酒（720ミリリットル、6000円・税別送料別）を100本販売したところ、7時間で完売しました。さて、その要因となったプロモーションツールは次のうちどれでしょうか？

（1）長いメルマガ
（2）楽天市場のVIP会員向け広告
（3）診断系スマホアプリ

（考えタイム）

ちっ

ちっ

ちっ

ぼーん！

正解は、（1）「長いメルマガ」です！

これは、楽天市場に出店している岩手の酒蔵「あさびらき十一代目　源三屋」というお店の事例です。取り扱った日本酒は、「大吟醸　袋吊《ふくろづ》り斗瓶《とびんがこ》囲い雫酒《しずくざけ》」という、ほとんど知られていない銘柄でした。

まず、前提の共有として、日本酒720ミリリットルの価格の相場をみてみましょう。
同店で、同じ大吟醸である「南部流伝承造り」は、1500円。
ほかの蔵元のメジャーなお酒で「八海山（大吟醸）」という銘柄がありますが、それだと4000円台。
「雫酒」の6000円が、安い商品ではないのがわかります。

しかも、このプロモーションの背景となっていたのは、2013年3月の「楽天スーパーSALE」。このセールは、各店舗が売り出す数多くの半額商品が目玉になっていたものです。「あさびらき」でもセールに合わせ、安くてお買い得な目玉商品を用意し、楽天市場の日本酒ランキング1位になるなど、積極的に取り組んでいました。

しかし。

店長の佐々木伸一《ささきしんいち》さんは、「安いから、またはお得だから売れる状態」に、ふと「自分は何のためにこの仕事やってるんだっけ?」と疑問に感じ、急につまらなくなります。

「売れるものを売るのではなくて、本当に自分が売りたいもの、やりたいことを伝えて売ろう」

そう考えて、お酒を造っている杜氏《とうじ》に交渉し、ゲットしてきたのがこの「雫酒」でした。佐々木さんが書くメルマガは、いつも長く、1万字を超えるのが通常です。内容としては、自分やスタッフのまわりで起こったちょっと面白いこと、そして商品がいくつか紹介される、まさに「メールマガジン」の名のとおり雑誌的なスタイルです。

その点、今回の「雫酒」のメルマガは、いつものメルマガとは違っていました。

紹介する商品は1つだけ。その1つの商品を語るだけなのに、7000文字を超えるボリューム。ふだんの商品紹介は1商品で数百文字なので、10倍以上の長さといえます。佐々木さん自身、「自分で書いていて涙が出るくらい本気で書いた」という渾身の作でした。

配信のしかたもいつもと変えました。読者全員に送る前に、まず上得意客である「10回以上購入者」に絞り込んで配信。「数も少ないので、ウチの提供する価値に共感してくれている人へ優先的にお知らせしたいから」(佐々木店長)という意図によるセグメント配信です。

そして、このメルマガを開封した人のうち、なんと44・6パーセントものお客さんが「雫酒」を購入したのです。ふだんメルマガを効果的に活用している佐々木さんですら、「すさまじい反応があった」と驚く結果です。

さらに、メルマガのアーカイブを「店長ブログ」にアップし、佐々木さんがソーシャルメディアで「自分で書いていて涙が出た」とつぶやくと、そのリンクがシェアされて広まっていき、100本が7時間足らずで完売。翌日もう100本を追加するも、12時間ほどで完売となりました。

そのメルマガを巻末に付録として掲載してあります。「店長ブログ」でも読めます。

http://shop.plaza.rakuten.co.jp/asabiraki/diary/detail/201303040000/

この事例を通して、私が大切だと思うのは次の3つです。

(1) 自分が売りたいモノ2・0

長らくEコマースの世界に身を置いていると見えてくる「流れ」があります。その1つが「店舗さんが売っているモノ」の変遷です。

多くの店舗さんは、「自分が売りたいモノ」、すなわち、ネットショップ立ち上げ時点での取扱商品を売るところから始まります。これを「自分が売りたいモノ1・0」と呼ぶとします。

お店が軌道に乗ってくると、売上アップを目指して、「お客さんが欲しがるモノ（＝売れるモノ）」を売るようになるお店が増えてきます。

しかし、お客さんの要求に必死で応えながら「売れるモノ」だけ売っていると、佐々木さんが感じたように「何のために仕事をしているのか」がわからなくなってきます。

その結果、「お客さんに喜んでもらうために自分が売りたいモノ」を売るように変わっていきます。これを「自分が売りたいモノ2・0」と呼びたいと思います。「自己中心的利他」な商品のことです。

こうなると、売り手も、買い手も、つくり手も、みんなハッピーになれるようです。

今回の事例では、メルマガに「日本酒の初心者は買わないでください」と書いてありました。「富士山に自分の足で登らずにいきなり山頂に運ばれても感動が得られないのと同じだから」と。

「売り上げを伸ばす」のではなく、「日本酒のある生活の楽しみを伝える」というスタンスを貫こうとするからこそできるワザといえます。

(2) メタ物語を共有する

「メルマガ」は「メールマガジン」の略です。Eコマース草創期に、「いかに読者に楽しんでもらえるか、工夫を凝らさないと読んでもらえないよね」という発想のもとに生まれてきたものです。

しかし、昨今のEコマースの世界は「単なるチラシメール」で溢れています。ここ10年のEコマース成長期にあっては、そこまで時間・手間・頭脳コストを使わなくても、セールをやってメールを送れば売れてしまう状況があったことによるところが大きいと思います。

「メタ物語を共有できているか」ってなんだ？

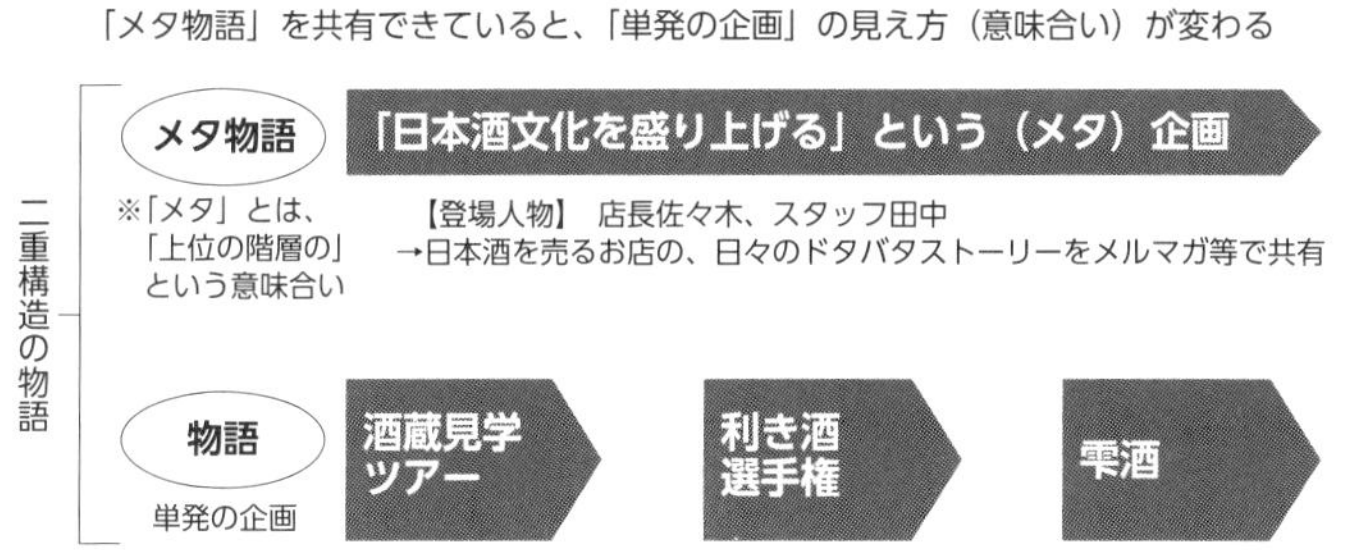
「メタ物語」を共有できていると、「単発の企画」の見え方（意味合い）が変わる
二重構造の物語
メタ物語
※「メタ」とは、「上位の階層の」という意味合い
「日本酒文化を盛り上げる」という（メタ）企画
【登場人物】 店長佐々木、スタッフ田中
→日本酒を売るお店の、日々のドタバタストーリーをメルマガ等で共有
物語
単発の企画
酒蔵見学ツアー
利き酒選手権
雫酒

「あさびらき」の例をはじめとする「効果的なメルマガ」には、1つの共通点があります。

それは、「メタ物語の共有」です。

ふだんのセールやイベント、新商品など、一つひとつの出来事（物語）を「単発」として告知するだけなのが「チラシメール」です。

これに対して、「あさびらき」のメルマガは、「日本酒を売るお店の、日々のドタバタストーリー」が書かれており、そのなかで随所に「日本酒のある生活の楽しさを広めたい」という想い（ミッション）が語られます。そのミッションを遂行する人たち（あさびらきスタッフ）の「連続する物語」が共有されているからこそ、今回の「雫酒の爆発」が起こっているといえます。読者が「今回の佐々木店長は本気だな」とわかるわけです。

このように、物語が二重構造（2階層）になっているときの、上位の階層の物語のことを「メタ物語」と呼びます。

同じ文面で「雫酒」を紹介するにしても、チラシメールで「単発」に送るのと、「メタ物語を共有できている関係」で送るのとでは、まったく結果が異なるのです。

(3) あり方がやり方を生み出す

「雫酒」の事例を表面的に知って、「上得意客にセグメント配信すれば売れる」というふうに解釈する人がいるかもしれません。「一発くん」には、むしろそういう人のほうが多くいるように思います。

しかし、前述のように、佐々木さんがこの方法をやろうと考えたのは、純粋に「ウチのお店のメッセージに強く共感してくれているお客さんにこそ飲んでもらいたい。メルマガを開封するタイミングが遅くて買えないということがあったら申し訳ない」という想いからです。

あり方から考えると、自ずとやり方が見えてきます。

あり方が違う人のやり方だけをマネしても、同様の結果は生まれません。

私はこれまで、楽天の店長さんたちの横のつながりを増やすための活動をやり続けてきているのですが、結局は、あり方が似ている店長さん同士が仲良くなって、お互いに刺激し合える仲間になっていきます。その仲間での会話から、たくさんの「やり方」が生まれてきているのです。

ちなみに、佐々木さんは、「究極の対面販売」スタイルのあり方を目指す「同志」が最も多い店長さんの一人です（仲山調べ）。

※ぜひ224ページの付録（メルマガ全文）にお目通しください！

あとがき

この本の企画会議でのこと。

「自動販売機の道」でジャイアントに勝つのは難しい、という話をしたとき、編集者の中澤さんがこう言いました。

「このあいだ、その自動販売機型ジャイアントのサイトで乾電池を買ったんです。でも、サイズをまちがえていたので交換をお願いしたら、すぐ代替品が送られてきて、しかも返品不要と言われたのが衝撃でした。これは敵わないなと」

返品送料を自社負担するコストを考えると、返品不要のほうが安くつくのかもしれませんし、感動を与えられるチャンスと考えているのかもしれません。いずれにしても、利用者にとっては極めて便利な「究極」のサービスといってよいと思います。

ただ、中澤さんは仕事で企業のマーケティングやプロモーションを支援する立場から、

「これは敵わない」と戦慄したわけです。すでにEコマースをやっている企業、これから参入しようとする企業も多いなか、ジャイアントと戦わなければいけない担当者のことを思うと、気が重くなると。

がんばってジャイアントに近づけば近づくほど、その存在の遠さ、巨大さに気づく。そんな戦いを日々続けている「消耗戦に疲れている人」たちに、「こういう別の道もあります」と示すことで何らかのヒントを提供できたら、という想いで本書はつくられました。

私はネットショップ経営者と店長さんの応援を15年ほどやっている仕事柄、「最近、面白いネタない？」とよく聞かれます。そのときに答えるのが、本書で紹介した「究極の対面販売」型のお店のストーリーです。

では、そういった「究極の対面販売」型を得意とする人はどこにいるかというと、「ネットショップを干支ひとまわり（12年）近くやっているような「老舗」に多くいます。「ネットでなんかモノが売れるわけない」と言われながら、価格でも知名度でも優位性のないようなモノを、「接客」や「企画」によって売れるように工夫してきた人たちです。

そのような老舗が変化・進化を経て「いまやっている商売のスタイル」はヒントの宝庫なのです。

しかしながら、本文でも触れたように10年ほど前から「Eコマース成長期」が訪れ、そのような手間のかかることをしなくても、「売れ筋商品」と「セール・ポイント○倍」と「広告」で大きく売り上げを伸ばすことができてしまうようになりました。その結果、売上規模の大きいお店が成功者として注目され、「究極の対面販売」型のお店にスポットライトが当たることは減っていきました。

しかし、Eコマース市場の成熟化やSNSの普及によって流れが変わり、らせんが一周まわって原点回帰するがごとく、「お客さんとのコミュニケーション」や「コンテンツマーケティング」「参加型企画」などが重要視されるようになっています。

とかく「自動販売機」や「電子カタログ」と思われがちなネットショップですが、実際にはリアルのお店に勝るとも劣らない「お客さんとのコミュニケーション」が行われていることを少しでもお伝えできていたら幸いです。

この本に出てくる事例は、すべて私の大切な仲間の実践事例です。

「ネットやリアルのコミュニケーションを織り交ぜながら、お客さんとの絆を深めていくこと」こそが、変化の激しい流れのなかで楽しく仕事を続けていくために不可欠だと考え、「究極の対面販売」の道について語り合ってきた、楽天市場出店者さんたちです。特に、私が主宰するコミュニティ「次世代ECアイデアジャングル」のメンバーとは、毎日のようにオンラインで実践談をシェアし合ってきています。

みなさんの圧倒的な試行錯誤と成果のおかげで、本書で示した考え方が肉付けされました。ありがとうございます！

「究極の対面販売」を創業時から提唱し、それが可能な「楽天市場」というEコマースプラットフォームをつくってくれた三木谷浩史さんにも感謝します。

また、執筆していて改めて気づかされたのは、小阪裕司さんのことばに大きな影響を受けていること。いつもヒントをいただいていることにお礼申し上げます。

ウェブ連載および書籍化の機会をくださった宣伝会議の中澤圭介さん、出版パートナーであるアップルシード・エージェンシーの宮原陽介さんにも感謝を。

そして今回、ウェブ記事で3000を超える「いいね！」を集め、本書に事例として登場するとともに、カバーイラストとトビラ絵を提供してくれた「邪悪なハンコ屋　しにものぐるい」の伊藤康一さん。デザイン案のやりとりをしている間じゅう、にやにやが止まりませんでした。最高のイラストをありがとうございます！

最後に、妻と息子へ。こんな「変人」の私に、いつも爆笑トークで元気をくれたり、「紙ひこうきや」ごっこで仕事のヒントをくれてありがとう。

この本を読んでワクワクしてきた方、「究極の対面販売」の道にピンときた方、よかったらメールをください（nakayama48@gmail.com）。

一緒に「全人類老舗くん化プロジェクト」を進めましょう！

2014年6月吉日

仲山　進也

付録

開封者の購入率44.6パーセント！
「雫酒《しずくざけ》」のメールマガジン

208ページ「あさびらき十一代目　源三屋」の事例で紹介したメールマガジンの全文を収録しました。メールマガジンを開封した人のうち、44.6パーセントもの人が「雫酒」を購入したという、1万字近い、渾身のメルマガです。

PCの画面を上から下にスクロールして読むことをイメージしているので、あえて左右の開きが逆になっています。ご了承ください。

※金額など当時のものです。

【源三屋：緊急配信】酒蔵あさ開の至宝『大吟醸　袋吊り斗瓶囲い雫酒』100 本先行予約（1 年ぶり 3 回目）！ポイント最大 69 倍なんてオマケです。

(本文)
(^O^) ノ 毎度ありがとうございます！

源三屋店長ササキです。

実はさっきお酒を造っている藤尾杜氏と、
交渉が成立したばかり。

なんとかスーパー SALE 中にご案内を間に合わせようと、
日曜日に休日返上でメルマガを書いています。

既にお知らせしていたように、
ただいま【ポイント最大 69 倍】の楽天スーパー SALE 開催中！

ですが。

今回のご案内に関しては、
むしろそれは「オマケ」かもしれません。

これは酒蔵あさ開の「至宝」、
本当に特別中の特別なお酒なんです。

だから「とにかく売れればいい」とは、
ボクにはとても思えない。

今までに何度となくお買いものをして頂いてきた、
お得意様にこそ召し上がって頂きたい。

ご用意できたのは 720ml で 100 本ぽっち。

しかも恐らく短期間で完売必至のため、
メルマガ限定のご案内のみにて配信させて頂いております。

一部のお客さまにおかれましては、
ご案内の内容が重複する場合。

またメールをご覧いただいたタイミングで、
すでに売り切れの場合。

などの可能性がございますが、
なにとぞご容赦ください。

このメルマガでご案内させて頂くお酒は、
ただ一つだけ。

※226ページへ続く

■■■■■■■■■■■■■■■■■■■■■■■■■■■■■■■■■

■「本」「日」「の」「お」「品」「書」「き」「■」（一期一会の名酒メニュー）

■■■■■■■■■■■■■■■■■■■■■■■■■■■■■■■■■

感動を味わうのは感動。門外不出の「杜氏の氷室酒」

◎【源三屋限定】あさ開 限定大吟醸　袋吊り斗瓶囲い雫酒 720ml
http://item.rakuten.co.jp/asabiraki/26434/

720ml:6,300 円（税込）

※ 3 月 30 日 (土) 以降のお届け予定です。
※お届け日はもろみの発酵状況により前後する場合がございます。
※ページ在庫の本数、100 本のみにて販売終了となります。
※杜氏自身が一本ずつ手作業で瓶詰めいたしますので、
　一日の発送可能本数に限りがございます。

■　あとがき『　酒屋という仕事。　』

それではご案内してまいりましょう。

酒蔵あさ開の直営店である源三屋ですら、
過去にこのお酒の販売許可が出たのは、
9 年間でたったの 2 回。

本当に稀少な極上酒のため、
1800ml では販売できず 720ml だけ、
それもたったの 200 本のみです。

冗談も誇張も抜きで「生涯に一度、飲めるかどうかの酒」。

今日はお酒の説明長めですので、
「お前がそこまで言い切るなら。」
と、もし私を信用してくださるならば、
売切れ前に先にお買いものされるのも良いかと思います。

絶対に損はさせませんので。

◎【源三屋限定】あさ開 限定大吟醸　袋吊り斗瓶囲い雫酒 720ml
http://item.rakuten.co.jp/asabiraki/26434/
720ml:6,300 円（税込）

全国新酒鑑評会の出品用に、
ひと冬に酒蔵でタンク数本分だけ醸される、
最高の酒米「山田錦」で仕込む大吟醸。

その中でも蔵で一番のホンキのホンキで醸される、
大本命であるこの鑑評会用の大吟醸の搾りは、
発酵の様子を見て即興で決定されます。

そのタイミングは、
杜氏の経験と勘のサジ加減一つ。

酒蔵あさ開でもほとんどのお酒は、
醪（もろみ）に圧力をかけて、
お酒を搾り出す「圧搾」という方法で搾られています。

それに対してこのお酒の搾りは「袋吊り」と呼ばれます。

一袋の重さは 20kg をゆうに越える、
昔ながらの布製の「酒袋（さかぶくろ）」に醪（もろみ）を汲み、
人力でタンクに渡した梁（はり）に吊るしていきます。

やがて吊るされた酒袋から、
重力にしたがって一滴、また一滴と自然に滴り落ちて、
タンクの底に少しずつ貯まっていく「雫酒（しずくざけ）」。

これを一斗（18 リットル）入るガラス製の「斗瓶」に集めます。

いわゆる「斗瓶囲い」という状態ですね。
http://image.rakuten.co.jp/asabiraki/cabinet/00333158/img61359857.jpg

まったく人工的な圧力をかけないので、
醪（もろみ）内部の粒子を押しつぶさず、
自然のままにお酒を抽出。

こうして採られたお酒は、
ちょっとありえないほどにきめ細やかで、
雑味が非常に少ないのが特徴です。

通常より手間ヒマがかかり、
量も採れません。

なぜわざわざそんな手間ヒマをかけるのか？

その理由は「香り」。

芳醇な香りと味の純粋な結晶「粋（すい）」は、
皆さんの日本酒の概念を覆すかもしれません。

確実に「その手間以上の価値」が、
この酒にはあるんです。

お酒を搾る作業は、
何度眺めていても飽きることはありません。

搾り始めは滓（おり）を多めに含んだ「あらばしり」で、
少し白濁しており味わいもやや粗め。

しばらくするとグンと透明度が上がってきて、
俗に「中汲み・中取り」などと呼ばれる、

荒さもなくキレイで柔らかな酒質の部分。

カンタンに言えば「もっとも美味なる部分」です。
http://image.rakuten.co.jp/asabiraki/cabinet/00333158/img61360003.jpg

この斗瓶に取られたお酒「雫（しずく）酒」は、
すぐに出荷しません。

杜氏が厳重に管理する蔵の「隠し氷室」で低温貯蔵。

滓（おり）が沈殿し、
より純度を増した「上澄み」の部分だけを、
杜氏が最高と判断したタイミングで、
火入れ（加熱殺菌）します。

何層にも旨みが凝縮されているとでも表現しましょうか。
なんともなんとも懐の深い味わいが生まれます。

そして周囲を包むように拡がる、
果実のような「至福の香り」。

不思議と清涼感があって、
甘ったるさはまったくなし。

その液体をたったひと口、
オズオズと口に運びます。

呼吸とともに口の中いっぱいに「ふわー」っと拡がる、
もぎたての果実のような、甘く鮮烈な香り。

※専門的には含み香とか口中香って言います。

舌の上には、最高の酒米「山田錦」。
それも厳選された「特等米」ならではの奥深くなめらかな旨み、
ふくらみがある柔らかな「味わい」。

くどさを残さず「すっ・・・」と静かに切れる辛口と、
後に残る幸せな余韻。

仕事柄、さんざん色んな酒を飲んではいるけれど、
これはただただ「すごい酒だ！」と感服するのみ。

ワタシはいまだにこれ以上の日本酒に出会ったことは、
誇張でもなんでもなく・・・ありません。

もしご気分を害された方がいらっしゃったら、
ごめんなさい。

でも自分は心からそう思っているんです。

米と水から、
職人の手によって醸される日本酒。

酒造りに最高の気象条件が整う、
北国・岩手の厳冬期を選び。

数百年前から先人たちによって受け継がれ、
さらに己の半生をかけて、ひたすら磨き続けてきた
匠の技を揮（ふる）い。

全国最多の金賞受賞
現代の名工選出
黄綬褒章授章

そんな数々の栄誉に輝きながらも、
70 歳を間近にした今もなお、
酒蔵に泊り込んでまで、
全霊を懸けて醸しあげた。

その『結晶』。

日本酒ってなんて美味しくて、
そして幸せなものなんだろう。

心の底からそう思えるんです。

本当はもっと高値でたくさん売った方が儲かります（笑）。

ボクらだって「あさ開の酒、最高に美味いっ！」って、
お客さんに驚いて欲しいワケですので。

でも・・・無いんですよ（笑）。

その性質、限られた斗瓶の本数、
そして蔵内の貯蔵庫のスペース。

斗瓶で囲われる（貯蔵される）雫酒は、
本当の本当に少量のみ。

しかも、残念な事にお酒を造る前から、
行き先がほとんど決まっちゃっていて、
源三屋で売る分までお酒が無いので、
まずもって販売許可がおりません。

基本的に蔵での日本酒造りというのは分業制。

麹（こうじ）、酒母、醪（もろみ）などの専任の担当者がいて、
頭領である杜氏って、いわば総合プロデューサーなのですが、
この酒に限っては、杜氏が率先して全ての工程に関わっています。

洗米、浸漬、蒸米、製麹、初添え、中添え、留添え。
そして1か月にも及ぶ毎日の発酵管理。

搾りどころか、瓶詰めまで杜氏自身が手を加える、
いわば「ハンドメイドの特別な一酒」。

杜氏の「仕込み管理表」を見せてもらうと、
そこには1日ごとの
・アルコール度数
・日本酒度
・もろみの温度
などの1か月分の予定値と、
実際の計測値が手書きでビッシリ。

もちろん日曜日も祝日も関係もなし。

その文字には、ある意味ぞくっとするような、
鬼気迫る「執念」というか「凄み」を感じます。

こんだけの想いの詰まった酒。

販売はおろか、杜氏の許可が無ければ持ち出しすらできません。

蔵の中にある専用の「氷室（ひむろ）」で厳重に保存され、
杜氏以外は出入り禁止（鍵がかかっています）。

写真撮らせてくださいとお願いしても、
立ち入りすら許可されない「聖域」。

この酒はいわば、
酒蔵あさ開の酒に非ず、
杜氏、藤尾正彦の酒なんです。

販売価格は 6,300 円（税込・送料別）。

この価格が「高い」と思った方は、
素直にパスしちゃってください。

ハッキリ言えば、
個人的には倍額でも良いとすら思っていますが、
確かに安い酒ではありません。

購入を迷った場合は手を出さない方が賢明です。

もちろん。

普段そんなに日本酒を飲まない人が飲んでも、

目を瞠（みは）って、
鳥肌が立つほど美味い！

そう思っていただける絶対の自信はあります。

ただ日本酒の入門編と考えると、
価格もクォリティーも「高すぎ」るんです。

日本酒の美味しさを知らずに、
いきなりこんな酒を飲んじゃうと、
どうしても他の酒が見劣りしちゃう。

良く使う例えなのですが、
自分の足で登らないで、
いきなり富士山の山頂に連れて行かれたようなもん。

せっかくの絶景の感動も半減しちゃいます。

でも。

(-_-)「とにかく、そんなにスゴイ酒なら飲んでみたい！」

そう純粋に思っていただける方には、
文句なくオススメします。

ぜひ日本酒好きのお友達がいたら、
その方にも紹介してあげてください。

特別なお祝い事のある方や、
日本酒好きの方にとっては、
きっと一生の想い出になります。

ギフトにもふさわしいように、
ご希望の方には木箱をサービスでお付けいたします。

前述のようにお酒は１本１本、
杜氏が自分で瓶詰めしますので、
一度の瓶詰め本数に限りがあります。

この酒は本当に「モノが違う」。

お届けするのは酒蔵の「至宝」たる酒、
皆さんに味わっていただくのは「感動」。

ササキがここまで言い切れるお酒って、
実はそうそうありません。

昨年も用意した100本が、
24時間持たずに完売しました。

追加販売は交渉中ですが、
社内の他の部門との調整でして。

今日は日曜日の為、
みんな休みで話し合いが出来ませんので、
そこはどうにもお約束しかねます。

☆売り切れ前にぜひどうぞ。
http://item.rakuten.co.jp/asabiraki/26434/

◆ご参考までに過去の販売時のお客さんのレビューをどうぞ。

これ「袋吊り」がポイントです。
自然にしたたり落ちた分だけ瓶に詰めたというだけで、
これだけさらに洗練された味わいになるんだなあと実感する酒です。
あさ開で最高峰のお酒のさらにもう１段階凝ったものです。
４合瓶でこの値段だし、
いつも販売している訳じゃないのですが（２年に１度ぐらい?）、
見つけたら私は即買い！です。

とんでもないお酒です
呑んだ瞬間、あまりの旨さにぶっ倒れるかと思いました。
絹のような滑らかな口当たりだけでも恍惚としますわぁ。
また販売されたら強奪する気概で購入に行きます。

絶品です。他の人に教えたくありません。
これぞ大吟醸です。他の人に教えたくないのが本心です。感動です。

なんというか・・・
皆さん、さすがに「良くわかって」いらっしゃいますね。
読んでいてうれしくなっちゃいます。

そう！

この酒はこういう皆さんだからこそ、
飲んでいただきたいのです。

「雫酒」すべてのレビューはこちらから
http://review.rakuten.co.jp/item/1/205335_10000458/1.1/?l2-id=item_review

最後は「あとがき」。

今回ご案内した「雫酒」には、
私の仕事と人生を決定的に方向づけた、
あるエピソードがあります。

付録

ここでお話しするのは、
正直かなり迷いました。

でも、今回は本当に源三屋にとっても、
大切な限られたお客さんだけへお送りしている特別メルマガ。

この機会にキチンと自分の思いを、
お伝えしたいと思うのです。

――★　あとがき『酒屋という仕事。』――

昨年の秋のことでした。

誰でもお名前を存じ上げているような、
国民的な有名俳優さんご本人から、

「余所から頂いたあさ開のお酒が、
　今まで飲んだことが無いほど美味しかった。」

「何とか１本だけでも送ってもらえないでしょうか？」

直接のお電話でお問い合わせいただきました。

もう本当にびっくりしてしまって。

でも生憎とその頃には、
さすがにお酒に余裕はありませんでした。

それでもきっと色んな美味しいものを、
召し上がっていらっしゃるであろう方。

そこまで仰っていただいて、
わざわざご自身でお電話までくださったのだから、と。

杜氏がなんとか１本だけ工面して、
お送りさせて頂きました。

そのお酒こそが、
今回ご案内している「雫酒」でした。

お酒の到着後には、
直筆のお手紙まで頂いて、
蔵のみんなで拝読して感激していました。

それからたった一週間後のこと。

その俳優さんの急な訃報が伝えられました。
末期のがんだったそうです。

ずっと入院されていたのですが、
一時退院をされて逝去される直前に、
あさ開にお電話を頂いていたそうです。

お亡くなりになる前日の夜に、
ご家族と一緒に食事を楽しみ“日本酒”を飲んで、
家族だんらんを楽しんだ。

そんな報道を目にして、
何とも言えない気持ちになりました。

しばらくしてご葬儀の後に、
その俳優さんの娘さんからお手紙を頂きました。

納棺の折に、
花のつぼみをお酒に浸して、
仏様の口元に近づけると、
すっと吸い込まれ。

穏やかに微笑んだようなお顔に見えた、
そんなことが書いてありました。

葬儀にご参列の方々も、
代わる代わるにお酒を含ませ、
最後はお花とお酒の香りに囲まれて、
幸せそうに旅立たれたそうです。

拝読していて涙がこぼれてきました。

売名行為まがいでウチの酒を売る気はないので、
その件に関しては今日までずっと沈黙していました。

私が商っている日本酒というものは、
飲まないところで困りもしないし、

死ぬわけでもない「不要不急のもの」。

でも、だからこそ「単に酔うための飲料」ではなくって。

ある時には誰かの人生に寄り添い、
豊かに幸せになるお手伝いをすることができるような、
幸せの液体としての存在意義があるのかもしれません。

安いこともお得なことも、
もちろん大切。

でも自分たちが「単に売上を上げるための安売り」になると、
きっと一番大切なお客さんのことを見失うような気がします。

だから「一番お得なセール期間」に、
あえて自分たちの「一番大切なお酒」を、

ご案内する事にしました。

自戒の念も込めて。

もし「誰かが末期の酒に」と望まれた時。

ただの田舎の酒蔵に勤めている従業員に過ぎない私は、
そのご期待に本当にお応えできるかどうか解りません。

それでも。

少なくとも自分が最良だと思えるお酒を、
胸を張ってお届けできるように、
これからも一生懸命に働いていこう。

そう心から思っています。

・・・酒屋ってね。

本当にやりがいのある、
最高の仕事だと自分では思っています。

困ったことに、
ちっとも儲からないんだけど（笑）。

へば、お買い物をお楽しみください！

本書で紹介したECサイト

「花ひろばオンライン」
http://www.rakuten.ne.jp/gold/hana-online/

「邪悪なハンコ屋 しにものぐるい」
http://www.rakuten.co.jp/ito51/

「ところてんの伊豆河童」
http://www.rakuten.co.jp/i-kappa/

「筑前飯塚宿たまご処 卵の庄」
http://www.rakuten.co.jp/rannoshou/

「よなよなの里 エールビール醸造所」
http://www.rakuten.co.jp/yonayona/

「いわゆるソフトドリンクのお店」
http://www.rakuten.co.jp/nakae/

「ふろしきや」
http://www.rakuten.co.jp/furoshikiya/

「バラの家【バラ苗専門店】」
http://www.rakuten.co.jp/baranoie/

「洗車の王国」
http://www.rakuten.co.jp/sensya/

「コミコミスタジオ」
http://www.rakuten.co.jp/chuoshoten/

「壁紙屋本舗」
http://www.rakuten.ne.jp/gold/kabegamiyahonpo/index.html

「あさびらき十一代目　源三屋」
http://www.rakuten.ne.jp/gold/asabiraki/

◉本書は、宣伝会議が運営する広告界のニュース&情報ポータルサイト「Advertimes（アドバタイムズ、通称アドタイ）」において、2013年4月から9月まで、12回にわたって連載した「楽天大学学長が語る『EC温故知新』」をベースに、大幅に加筆修正したものです（序章、第1章は書き下ろし）。

「アドタイ」
http://www.advertimes.com/
2010年11月に創刊したデジタルメディア。企業のマーケティングやメディア、販促、広報、広告クリエイティブなど、コミュニケーション分野を取り巻くニュースや情報を素早く入手することができる、広告界のポータルサイト。『宣伝会議』『販促会議』『広報会議』『ブレーン』『編集会議』とマーケティング・コミュニケーション領域における各分野の専門誌を発行する宣伝会議の取材網を生かし、実務に役立つ情報を提供しています。

著者プロフィール

仲山 進也（なかやま・しんや）
楽天株式会社 楽天大学学長
仲山考材株式会社 代表取締役「次世代ＥＣアイデアジャングル」主宰

北海道生まれ。慶應義塾大学法学部法律学科卒業。シャープ株式会社を経て、１９９９年に社員約20名の楽天株式会社へ移籍。楽天の初代ＥＣコンサルタント９人の１人となる。２０００年に「楽天大学」を設立、Ｅコマースのみならず、チームづくりや理念づくりまで幅広く、楽天市場出店者４万１０００社の成長パートナーとして活動中。楽天が20名から数千名の組織に成長するまでの経験をもとに人・チーム・企業の成長法則を体系化、社内外で「自走型人材」の成長を支援している。２００４年、Jリーグ「ヴィッセル神戸」の経営に参画。２００７年に楽天で唯一のフェロー風正社員（兼業フリー・勤怠フリーの正社員）となり、２００８年には仲山考材株式会社を設立、Ｅコマースの実践コミュニティ「次世代ＥＣアイデアジャングル」を主宰している。

著書

・『「ビジネス頭」の磨き方』（サンマーク出版）

・『今いるメンバーで「大金星」を挙げるチームの法則『ジャイアントキリング』の流儀」（講談社）

あのお店はなぜ消耗戦を抜け出せたのか
～ネット時代の老舗に学ぶ「戦わないマーケティング」～

発行日	2014年7月30日　初版第1刷発行
	2015年1月15日　初版第2刷発行
著　者	仲山進也
発行者	東英弥
発行所	株式会社宣伝会議
	〒107-8550　東京都港区南青山5-2-1
	電　話：03-6418-3320（販売）
	03-6418-3326（編集）
印刷・製本	中央精版印刷株式会社
カバーイラスト	伊藤康一
装丁・本文デザイン	有限会社エルグ
著者エージェント	アップルシード・エージェンシー
	http://www.appleseed.co.jp

ISBN978-4-88335-313-2 C2063